AF231561

VITAM
IMPENDERE
VERO.

Nᵒ 28

DÉFENSE

DE

LA RELIGION

ET DE

LA LEGISLATION,

TIRÉE

DE L'EMILE CHRETIEN,

POUR SERVIR DE SUITE

A

L'ANTI - EMILE.

PAR

M. FORMEY.

A BERLIN,

Chez JOACHIM PAULI,

Libraire sous les Arcades.

MDCCLXIV,

AVERTISSEMENT.

J'avois d'abord crú que mes Obfervations fur l'*Emile* de M. *Rouffeau* fe borneroient à celles dont j'ai formé l'*Anti - Emile*. Mais les inftances qui m'ont été faites pour oppofer aux deux grands morceaux dans lesquels cet Auteur attaque la Religion Chrêtienne & les formes actuelles de Gouvernement, deux Défenfes des vrais principes fur ces importantes matieres m'ont déterminé à fournir une tâche, dont auroient pu & du s'acquitter des perfonnes beaucoup plus capables d'y réuffir. J'efpere cependant que la bonté des caufes que je plaide fuffira pour donner du poids aux argumens que j'allegue en leur faveur. L'erreur peut éblouïr; mais c'eft à la fuite de la vérité feule que marche la conviction.

A 2

tion. Comme ces deux Défenses
ont été inférées dans un Ouvrage
que bien des gens ne pourront peut-
être acheter à cause de son prix, ou
ne voudront pas acquérir pour ne
pas doubler *Emile* dans leur Biblio-
thèque, j'ai cru devoir les détacher,
& en former ce petit Volume, qui
comme je le marque au titre, ser-
vira de Suite à l'*Anti-Emile*. J'an-
nonce en même tems un troisieme
Volume, ou une seconde & dernière suite de l'*Anti-Emile*, qui sera
peut-être la partie de cet Ouvrage
la plus propre à réveiller l'attention. C'est la Réponse à la Lettre
de M. *Rousseau* à l'Archevêque de
Paris. Quand ce Recueil sera complet, j'ose me persuader qu'il ne res-
tera gueres de Sophismes, dans les
derniers Ecrits de ce célèbre Ecrivain, dont les Lecteurs attentifs &
impartiaux, ne puissent découvrir
l'artifice & sentir la foiblesse.

INTRODUCTION.

Ceux qui ont des principes de conduite dans la Société, dissimulent les offenses légeres; & pour ne pas se livrer à des dissensions perpétuelles qui troubleroient toute leur vie, ils supportent à tout moment les caprices, & même les injustices, des personnes avec qui ils vivent. Le succès répond parfaitement à leur attente; ces legeres atteintes ne font que les essleurer, ces traits qu'on leur décoche, tombent à leurs pieds sans force. Mais il n'en est pas de même dans ces occasions importantes, où le devoir essentiel de leur propre conservation exige

A 3   qu'ils

(*) C'est l'Introduction que j'ai mise à la tête de l'Emile Chrétien.

qu'ils prennent des mesures, oppo-
sent de la résistance, & en viennent
formellement aux prises avec leurs
Adversaires. Alors guidés par la
prudence, & soûtenus par le coura-
ge, ils se montrent aussi ardens, aussi
intrépides, que le demande la grandeur des intérêts, auxquels ils font
appellés à veiller.

On peut appliquer ces réflexions
à la Religion. Elle est, pour ainsi
dire, continuellement harcelée par
une foule d'Ennemis, qui croyent se
signaler en levant l'étendart contr'elle. Mais pour l'ordinaire ce n'est
pas la peine de se mettre en devoir
de les repousser. Ils ne font que ré-
péter des choses qui ont été mille fois
dites, & autant de fois réfutées. Ils
ne cherchent qu'à faire parler d'eux,
& l'on ne sauroit mieux les punir
qu'en laissant tomber leur nom dans
l'abyme de l'oubli.

J'avoue que le même motif influe
sur les démarches de ceux qui por-
tent

tent à la Religion des coups plus puissans, & qui, s'ils ne sont pas plus dangereux, par rapport à cette sainte doctrine en elle-même, qui est fort au dessus de tout effort humain, détruisent, au moins en partie, son empire sur les cœurs, diminuent la confiance, le respect, qu'elles méritent de la part des hommes. C'est par le funeste désir de faire du bruit que sont excités ces Génies, qui, nés pour éclairer le genre-humain, se dévouent malheureusement à l'égarer & à le conduire à sa perte. Si personne ne faisoit attention à leurs Ecrits, ils se dégoûteroient bientôt de les produire. C'est donc entrer en quelque sorte dans leurs vues que de leur répondre, & de donner par-là plus d'éclat & de durée aux Controverses qu'on agite avec eux.

Cependant on ne sauroit s'en dispenser. Le venin de leurs Ouvrages est trop dangereux, il fait de trop rapides progrès dans la Société pour

n'y opposer aucun contre-poison, &
voir périr, de sens froid, tant d'a-
mes qui en sont les misérables victi-
mes. Il y a eu des Siecles marqués
par de grandes pestes, qui ont dé-
peuplé presque toutes les Contrées
de la Terre. Celui-ci sera le siecle de
la peste des ames; & malheureusement elle est la plus terrible de toutes. Deux ou trois Ecrivains ont
fait tout le mal, & ont même l'audace de s'en glorifier. Dans les uns
une malice diabolique, dans les autres un fanatisme enté sur l'orgueil,
ont produit les mêmes effets. La
plus sainte des Religions est devenue
l'objet de leur haine implacable. Ils
semblent avoir juré d'en éteindre
jusqu'au souvenir. Autrefois Spi-
nosa, Hobbes, Vanini, s'envelo-
poient dans les obscurités de la Langue savante, du stile, de la méthode;
ils n'étoient entendus que par des
adeptes. Toland, au commencement
de ce siecle, voulut faire le bel-esprit,

pren-

prendre le ton de la plaisanterie, & familiariser ses contemporains avec l'irréligion; mais il n'obtint que leur mépris, leur exécration. Mais, depuis trente à quarante ans, les impiétés les plus atroces ont figuré impunément dans les Livres les plus répandus, & les mêmes horreurs ont été vômies journellement par des gens qui associent l'ignorance à la mauvaise foi, l'imprudence aux plus honteux désordres. L'Auteur d'Emile à cru tenir un milieu en frappant d'une main l'édifice de la Religion, & de l'autre celui de cette fausse Philosophie. Mais il n'a fait qu'aggraver le mal. Les libertins de cœur s'approprient les armes qu'il leur prête imprudemment; & les Chrétiens sont à juste titre affligés & scandalisés de l'indécente confession du Vicaire.

Il n'est donc pas possible de passer tous ces attentats sous silence; &, quoiqu'on ne puisse rien ajouter au-

A 5

jour-

jourd'hui à ce que les Apologiſtes de la Religion Chrétienne ont dit en ſa faveur depuis les tems Apoſtoliques juſqu'aux nôtres, il faut oppoſer de nouvelles défenſes à des attaques nouvelles, ſinon pour le fond, au moins pour la forme. Surtout il faut que ces réponſes ſoyent miſes à la portée, & en quelque ſorte ſous les yeux de tout le monde, comme le ſont les attaques. Car le comble de la rage dans les Incrédules modernes conſiſte en ce qu'ils veulent ſurtout être lûs par les perſonnes du plus bas rang, par toutes celles dont la condition, le ſexe, l'âge, ſembloient devoir les préſerver de ſemblables lectures. C'eſt pour cela qu'écrivant en langue vulgaire, ils prodiguent encore tous les agrémens du ſtile & de l'imagination, ils employent les genres de fiction qu'ils croyent les plus propres à réuſſir. Ils mettent leur gloire à troubler le repos de tant d'honnêtes gens, de bonnes ames,

qui

qui cherchent dans la Religion le bonheur de leur vie, la tranquillité de leur mort, & l'espérance d'une glorieuse éternité ; ils veulent, en les convainquant qu'ils se trompent grossièrement, les priver de tout ce qui peut les soutenir dans la pratique de leurs devoirs. Qu'on juge si ce sont là les offices d'une affection charitable, ou les emportemens d'une haine furieuse.

Quoiqu'il en soit, le tems presse, le mal gagne, & il faut venir au secours. C'est pour s'en acquitter plus promtement qu'on a pris le parti de mettre dans le Livre même qui a fait tant de bruit & tant de mal, la vraye doctrine contraire à celle de son Auteur. L'idée n'aura peut-être pas l'effet qu'on se propose. Ce qui fait la fortune d'un mauvais Livre, c'est ordinairement ce qu'il y a de mauvais. Oter ce mauvais, & y substituer du bon, c'est donc courir les risques de trouver peu de Lecteurs.

teurs. *Nous ne saurions pourtant croire que l'amour de la Religion soit effacé de tous les cœurs, & que ses intérêts ne soyent plus les intérêts de personne.* Dieu connoît ceux qui sont siens. *C'est à ce petit nombre d'hommes sages & vertueux que nous nous adressons ; c'est à l'édification & à l'utilité de ceux qui ne se glorifient qu'en la Croix de Christ,* que nous consacrons cette Edition d'Emile ; & nous fléchissons les genoux devant le Souverain Pasteur de l'Eglise, afin qu'il lui plaise d'y répandre sa bénédiction.

DÉFENSE
DE
LA RELIGION
OPPOSÉE A LA
PROFESSION DE FOI
DU
VICAIRE SAVOYARD.

a Religion Naturelle ne suf-
fit pas : il faut à l'hom-
me un guide plus afsuré.
Tout en prouve la nécefsité Il
n'y a qu'une Révélation qui puifse
tirer l'homme du danger d'offenser
Dieu, même en voulant le servir, qui
foit

soit suffisante pour donner à son esprit les lumieres, & à son cœur les senti-mens, d'où résulte le culte raison-nable & agréable à l'Etre Suprême? Le simple usage des facultés naturel-les, traversé comme il l'est par une infinité d'obstacles, altéré même & corrompu par des causes sans nom-bre, est bien éloigné de cette pureté de morale, de ces dogmes si utiles à l'homme, si honorables à leur Au-teur, que nous puisons dans les Li-vres Sacrés. Quand la théorie des devoirs naturels auroit été conduite à sa perfection par les anciens Philo-sophes, ce que personne n'oseroit affirmer, combien de choses ne res-toit-il pas à y ajouter pour la gloire de Dieu, pour le bien de la Société, & pour l'avantage propre de chaque par-ticulier? Combien de vertus ne naissent pas d'un nouveau culte, tel que le culte évangélique, vertus qui ne pouvoient être des conséquences du culte natu-rel? Les plus grandes idées de la Divini-

té

té ne nous viennent par la raison que lentement, difficilement, confusément; au lieu que la Parole de Dieu les offre dans un jour aussi pur que lumineux. Voyez le Spectacle de la Nature, écoutez la voix intérieure; vous serez frappé d'admiration, pénétré de reconnoissance; mais vous sentirez que, si Dieu s'en étoit tenu là, il n'auroit pas tout dit à nos yeux, à notre conscience, à notre jugement. Les Hommes, pourvû que Dieu les inspire, & parle par leur bouche, nous en diront bien d'avantage. Le Monde nous offre le Dieu de la Nature, Créateur & Conservateur; la Religion nous découvre le Dieu de la Grace, Libérateur & Sauveur. Tous ses Dogmes tendent à éclaircir les notions du grand Etre, à annoblir les idées que nous nous en formons. Les Mysteres même, en humiliant la raison, ne la révoltent point. Nous ne sommes pas surpris qu'il y ait des profondeurs dans la Divinité; tandis

que

que le moindre des objets qui nous environnent, renferme un infini, un incompréhensible, qui nous confond & nous abforbe. Si les hommes abufent de la Religion, s'ils en font l'aliment de leurs paffions déréglées, le principe des difcordes les plus honteufes & des guerres les plus cruelles, je diftingue les crimes des hommes & les miferes du genre-humain d'avec les œuvres de Dieu, fes bienfaits, les vues de fa fageffe adorable & de fon infinie miféricorde.

Quoique la régularité & l'uniformité du culte foient des objets très-importans, ce ne font pas les feuls ni même les principaux que Dieu ait eus en vue, en fe révélant. Il a voulu remonter à la fource même du mal; éclairer l'efprit, fanctifier le cœur, & mettre par-là les hommes fur la voye d'un culte pur & raifonnable. Les détails, les variétés de ce culte, n'étoient pas un point fi important qu'il falût tout l'appareil de la puiffance divine

vine pour l'établir. Ne confondons point le Cérémonial de la Religion avec la Religion même. Dieu ne prend aucun intérêt à la forme de l'habit du Prêtre, à l'ordre des mots qu'il prononce, aux geftes, aux génufléxions, pourvû qu'il n'y ait rien dans tout cela qui tienne de la puérilité, & qui conduife à la fuperftition. Le culte que Dieu demande, eft celui du cœur, il veut être adoré en efprit & en vérité; mais ce devoir, qui, fi l'homme ne s'étoit pas dépravé, auroit été celui de toutes les Religions, de tous les Pays, de tous les Hommes, n'étoit rendu nulle part à Dieu fur la terre avant la manifeftation de l'Evangile; & il étoit impoffible que les hommes, plongés dans les erreurs les plus groffieres, & dans les vices les plus honteux, fortiffent d'un état auffi déplorable, fi Dieu ne leur avoit tendu une main propice. Où étoit avant J. C. ce culte effentiel dont on fuppofe les hommes capables par eux-mêmes, &

B

dans

dans l'état naturel? Les Philofophes eux-mêmes l'offroient-ils à la Divinité; & à bien des égards n'en étoient-ils pas plus éloignés que le vulgaire même? Etoit-il donc indigne des perfections divines de s'intéreffer au fort de tant de Créatures placées fur le bord d'un abyme, où leur chûte étoit inévitable fans un bras célefte qui les retînt? Ce feroit fe faire d'étranges idées de la Divinité que de la concevoir infenfible, indifférente, à cet état des hommes; tout comme ce feroit s'en faire de trop petites que de la croire uniquement attentive à l'établiffement d'un culte extérieur & uniforme. Cette uniformité requife pour le bon ordre eft purement une affaire de police : il ne faut point de révélation pour cela.

Ce n'eft pas l'ouvrage d'un jour que de fe faire de juftes idées de la Religion, d'en bien faifir l'excellence & le prix. L'homme entraîné par les préjugés de l'éducation, & par ce

dan-

dangereux amour-propre qui lui inspire une folle confiance en lui-même & en ses propres forces, éleve avec peine ses conceptions jusqu'au grand Etre. Dans cette disposition il craint de s'engager dans la voye de l'examen & des discussions. Il prend le parti d'adopter aveuglément la Religion dont on l'instruit, & quand ensuite il y découvre des choses qui lui déplaisent, & le révoltent, il se hâte d'en tirer cette conclusion, c'est qu'aucune Religion n'est croyable, & qu'il faut, en passant également l'éponge sur toute, se livrer au doute universel. Telle est la route où se sont égarés presque tous nos Incrédules. Ils n'ont reçu dans leur jeunesse que des instructions fort superficielles; & la plûpart d'entr'eux ont été élevés avec cela dans les principes d'une Communion qui a fait perdre au Christianisme les marques caractéristiques d'évidence & de pureté, qu'il possédoit originairement, &

 qu'on

qu'on peut retrouver dans l'Evangile, dès qu'on veut les y chercher. Ainsi inſtruits, livrés bientôt après au tourbillon du monde, au torrent des paſſions, aux ſéductions les plus dangereuſes, ils ont été charmés de trouver dans ce qu'ils apelloient la Religion, des obſtacles à la crédibilité; ils ſe ſont plûs à les multiplier; ils ont ſoigneuſement ramaſſé toutes les objections, tous les ſophiſmes qui ont été mille fois répétés & mille fois réfutés; & ils ſont venus à bout de ſe perſuader que de leur réunion réſultoit la démonſtration la plus victorieuſe. Des gens ſenſés auroient pris un tout autre parti. Ils auroient examiné la Religion qu'on leur avoit enſeignée, pour en découvrir le fort & le foible; de là ils auroient paſſé à la confrontation de cette Religion avec les ſources authentiques qui décident de ſa pureté, ou de ſes altérations; ils auroient étudié ſoigneuſement la vraye Religion dans ces ſources; ils

ſe

ſe ſeroient fait un plan clair, un ſyſ-
tême ſolide, de tout ce que cette Religion enſeigne & preſcrit ; après quoi
paſſant aux difficultés, ils les auroient
diſcutées, appréciées, réſolues avec
candeur, avec impartialité, dans le
déſir ſincere de trouver la vérité, &
avec l'intention droite de la réduire
auſſitôt en pratique. Où ſont ceux
qui ayent rempli fidélement cette tâche ? Où eſt celui qui ſoit en droit de
dire : je me ſuis convaincu, & je puis
convaincre les autres, que toutes les
Religions ſont fauſſes, ſans en excep-
ter le Chriſtianiſme, que Dieu ne
s'eſt jamais révélé aux hommes, &
qu'il faut porter le même jugement
de Moyſe & de Mahomet, de Jeſus-
Chriſt & d'Appollonius de Thyane,
des miracles des Apôtres & de ceux
de l'Abbé Paris.

La Religion Naturelle fournit dans
un ſens général les élémens de toute
Religion. Mais elle ne s'accorde véritablement & ne s'ajuſte, pour ainſi

B 3

dire,

dire, exactement qu'avec la Religion Chrétienne. Pour s'en aſſurer il n'y a qu'à conſidérer cette diverſité de Sectes qui régnent ſur la Terre, & qui s'accuſent mutuellement de menſonge & d'erreur. Il eſt naturel de demander, *quelle eſt la bonne?* Chacun répond, c'eſt la mienne; chacun dit: moi ſeul & mes partiſans penſent juſte, tous les autres ſont dans l'erreur. *Et comment ſavez-vous que votre Secte eſt la bonne?* Parce que Dieu l'a dit. Tout eſt égal juſqu'ici; mais voici le point de partage. *Et qui vous dit que Dieu l'a dit?* Le Superſtitieux répond: Mon Curé, mon Iman, mon Talapoin, l'a dit; il le ſait bien, & je m'en fie à lui. L'homme ſage & religieux dit: j'ai étudié ma Religion; j'y ai trouvé toutes les preuves de vérité, d'authenticité, de divinité qui ſuffiſent pour convaincre; j'ai écouté tous ceux qui voudroient invalider ces preuves, & j'ai trouvé qu'ils ne faiſoient qu'étaler les doutes & les diffi-

difficultés que j'avois rencontrées moi-même dans l'examen de la Religion; doutes, difficultés, qui n'ont pas une force suffisante, non seulement pour détruire, mais même pour ébranler, la certitude des faits qui servent de base à l'édifice de la Religion. Celui qui s'est mis en état de penser & de parler ainsi, a rempli le plus important de tous les devoirs; il a répondu au grand but que Dieu s'étoit proposé en le plaçant dans ce Monde & en l'y mettant à portée de connoître la Religion, il peut achever sa carriere dans les sentimens de la joye la plus pure, & de la confiance la plus inébranlable, persuadé que toutes les graces que Dieu lui a faites, sont le gage infaillible de biens infiniment plus précieux qu'il lui réserve.

La vérité est une; ce qui est démontré pour moi, ne sauroit être faux aux yeux d'un autre, que parce que j'ai suivi la bonne méthode, & qu'il en a pris une autre, qui l'a éga-

 ré.

ré. Rien donc de plus important que de s'accoûtumer non seulement à la réflexion, à la folidité; mais même de s'inftruire de la maniere de raifonner, de ce qui conftitue la force des raifonnemens, & rend inébranlables les preuves qu'on y fonde. Le choix de l'erreur ou de la vérité, auffi bien que celui de la vertu ou du vice, n'eft point un effet du hazard. Dieu a donné à l'homme dans la Raifon toutes les facultés, & dans la Révélation tous les fecours néceffaires pour faire ce choix: il peut donc lui imputer la conduite qu'il tient a cet égard, & l'en punir. Ce n'eft pas pour être né dans tel ou tel pays, qu'un homme eft coupable; c'eft pour n'avoir pas profité du dégré quelconque de lumiere que fa fituation lui fourniffoit. C'eft ainfi que les Payens fe font rendus inexcufables. Dire, que Dieu juge les hommes d'après ce qu'ils ont pû faire, ce n'eft pas outrager fa juftice, c'eft en donner

ner

ner une juſte idée. Ou toutes les Religions ſont bonnes & agréables à Dieu, ou, s'il en eſt une qu'il preſcrive aux hommes & qu'il les puniſſe de la méconnoître, il lui a donné des ſignes manifeſtes & certains pour être diſtinguée & connuë pour la ſeule véritable. Ces ſignes peuvent être rendus également ſenſibles à tous les hommes, grands & petits, ſavans & ignorans, Européens, Indiens, Afriquains, Sauvages. Le tems & la maniere dont cette Doctrine parvient à la connoiſſance des hommes dans les diverſes contrées du Monde, dépend du bon-plaiſir de Dieu, qui ne demandera compte à chacun que des talens qu'il aura reçus & de l'uſage qu'il en aura fait. Le Chrêtien, au lieu de s'inquiéter du ſort des Nations privées de la connoiſſance de l'Evangile, doit en remettre la déciſion à Dieu, pleinement perſuadé que cette déciſion n'aura jamais rien qui répugne aux perfections de cet Etre Su-

préprême : sa grande, son unique occupation, est de se réjouir de son propre bonheur, de sentir le prix des priviléges, des prérogatives dont il jouit, de faire tout ce qui dépend de lui pour ne jamais décheoir d'un état aussi heureux, mais plutôt pour y faire des progrès continuels qui le conduisent à sa souveraine félicité.

Cherchons-nous donc sincérement la vérité? Ne donnons rien au droit de la naissance, ni à l'autorité des Peres & Pasteurs; mais rappellons tout à l'examen de la conscience & de la raison. Ils ont beau me crier: *Soûmets ta raison;* autant peut m'en dire celui qui me trompe: il me faut des raisons pour soûmettre ma Raison.

Toute la Théologie que je puis acquérir de moi-même par l'inspection de l'Univers & par le bon usage de mes facultés, est trop bornée pour suffire à mes besoins spirituels. Elle ne m'apprend point le véritable moyen de plaire à Dieu, de m'approcher

cher

cher de lui avec confiance, & surtout d'obtenir le pardon des péchés,
par lesquels j'ai continuellement le
malheur de l'offenser. Pour arriver à
ces connoissances il faut recourir à
des moyens extraordinaires. Ces
moyens ne sauroient être l'autorité
des hommes, s'ils ne la montrent
révétue de caracteres que la Divinité
seule a pû lui conférer; car, sans cela, nul homme n'étant d'une autre
espece que moi, tout ce qu'un homme connoît naturellement, je puis
aussi le connoître, & un autre homme peut se tromper aussi bien que
moi: quand je crois ce qu'il dit, ce
n'est pas, parce qu'il le dit, mais
parce qu'il le prouve. Le témoignage des hommes n'est donc au fond
que celui de ma raison même, &
n'ajoûte rien aux moyens naturels que
Dieu m'a donnés de connoître.

Ici je ne saurois me tenir trop soigneusement en garde contre les écarts
téméraires d'un orgueil insensé, qui
vou-

voudroit preſcrire à Dieu les routes qu'il doit ſuivre, les moyens qu'il doit employer, en ſe manifeſtant aux hommes. Il ne faut à la vérité pas croire à la légere que Dieu ait parlé, mais il ne faut pas montrer un endur-ciſſement aveugle, une opiniâtreté féroce, à rejetter une Religion qui ne peut venir que du Ciel, & qui eſt auſſi évidente pour ceux qui en étu-dient aujourdhui les preuves, qu'elle l'a été pour les témoins oculaires des faits ſur lesquels elle eſt fondée. Ja-mais il n'y eut de prétention plus dé-raiſonnable, plus abſurde, que de vouloir entendre Dieu ſoi-même, voir ſoi-même les prodiges employés pour l'établiſſement de la Religion. Tous les hommes pouvoient-ils être con-temporains de Moyſe & des Prophê-tes, de J. C. & des Apôtres? Dieu, en perpétuant les prodiges, n'auroit-il pas changé la foi en vue? N'ôte-roit-il pas par-là aux hommes le dé-gré de liberté néceſſaire pour que

leur

leur attachement à la Religion foit agréable à Dieu, & propre à les conduire à la rémunération qu'ont obtenue tous ces illuftres Croyans dont St. Paul fait l'énumeration au Chapître XI. de l'Epître aux Hébreux, & à laquelle parviendront ceux qui marcheront dignement fur leur traces.

Cependant voyons, examinons, comparons, vérifions: la chofe en vaut bien la peine. Bien loin de fouhaiter que Dieu m'eût difpenfé de ce travail, je dois le bénir de ce qu'il m'a mis à portée de le faire, de ce que je pofféde le précieux tréfor de ces Ecritures dont je n'ai qu'à m'enquérir fidélement, pour avoir par elles la vie éternelle. Cette difcuffion n'a rien qui doive m'effrayer. Je n'ai pas befoin d'une érudition immenfe pour remonter dans les plus hautes antiquités; pour examiner, pefer, confronter les prophéties, les révélations, les faits, tous les monumens de foi propofés dans tous les

pays

pays du monde; pour en alligner les tems, les lieux, les auteurs, les occaſions. Je ne ſuis point appellé à m'engager dans le labyrinthe d'une critique épineuſe pour diſtinguer les pieces authentiques des pieces ſuppoſées; pour comparer les objections aux réponſes, les traductions aux originaux; pour juger de l'impartialité des témoins, de leur bon ſens, de leurs lumieres; pour ſavoir ſi l'on n'a rien ſupprimé, rien ajoûté, rien tranſpoſé, changé, falſifié, pour lever les contradictions, qui reſtent, pour juger quel poids doit avoir le ſilence des adverſaires dans les faits allégués contr'eux, ſi ces allégations leur ont été connues, s'ils en ont fait aſſez de cas pour daigner y répondre, ſi les Livres étoint aſſez communs pour que les nôtres leur parvinſſent, ſi nous avons été d'aſſez bonne foi pour donner cours aux leurs parmi nous, & pour y laiſſer leurs plus fortes objections telles qu'ils les avoient faites.

Tou-

Toutes ces queſtions ont été ſoigneuſement approfondies par des
hommes dont les Incrédules auroient
mauvaiſe grace de conteſter l'habileté
& l'intégrité. Si les détails de l'éru-
dion ſont dans des Ouvrages que tout
le monde n'eſt pas capable de lire, le
réſultat le plus lumineux de tout ce
qu'on peut dire en faveur de la Religion Chrêtienne ſe trouve dans un
nombre ſuffiſant de Livres écrits de
façon à être entendus des perſonnes
les plus ſimples, pourvû qu'elles ayent
du bon-ſens, & qu'elles apportent à
leur lecture l'attention néceſſaire.
C'en eſt aſſez pour ſatisfaire, tran-
quilliſer, fortifier pleinement ceux
qui, après avoir lu ces Livres, en
remportent l'eſpece de conviction
dont on eſt ſuſceptible, lorſqu'on
n'a pas étudié les Sciences dans les-
quelles on puiſe l'idée d'une démonſtration proprement dite, & qui font
contracter l'habitude de s'en ſervir.
Ce qui doit ſur tout affermir les Chrétiens

tiens dans leur foi & dans leurs espé-
rances, c'est que les Livres dont je
viens de parler, n'ont jamais été réfutés: ce qui décide assez qu'ils ne
sauroient l'être*).

Arrêtons d'abord nos regards sur
la suite de la Religion, objet également frappant & consolant. Cette
Eglise **) toujours attaquée, & jamais

*) Je réitere ici un défi que les Ennemis de
la Religion déclinent constamment. Qu'ils
vous donnent une réfutation d'Abbadie, de
cet Abbadie que quelques-uns d'entr'eux
ont eu l'audace de traiter avec un mépris
si insolent. Qu'ils suivent pied à pied
l'excellent Traité de la Vérité Chrétienne
de cet Auteur, & qu'ils n'y laissent pierre
sur pierre qui ne soit démolie. Tant
qu'une pareille tâche demeurera au dessus
de leurs forces, que nous importent leurs
excursions vagues, & leurs éternelles ré-
pétitions! Jamais on ne fit la conquête
d'une Province, où il y a des places fortes, en détachant de simples partis qui bat-
tent la campagne, & en se tenant toujours
soigneusement hors de la portée du canon
de ces Places.
**) Voyez Bossuet, Discours sur l'Histoire
Universelle, Part. II. Art. 13.

mais vaincue, eſt un miracle perpé-
tuel, & un témoignage éclatant de
l'immutabilité des conſeils de Dieu.
Au milieu de l'agitation des choſes
humaines, elle ſe ſoutient toujours
avec une force invincible, en ſorte
que, par une ſuite non interrompue,
depuis près de dix-huit cens ans, nous
la voyons remonter jusqu'à J. C. dans
lequel elle a recueilli la ſucceſſion de
l'ancien peuple, & ſe trouve réunie
aux Prophêtes & aux Patriarches.

Ainſi tant de miracles étonnans que
les anciens Hébreux ont vus de leurs
yeux, ſervent encore aujourdhui à
confirmer notre foi. Ce grand Dieu
qui les a faits pour rendre témoignage à ſon Unité & à ſes perfeclions,
que pouvoit-il faire de plus authenti-
que pour en conſerver la mémoire,
que de laiſſer entre les mains de tout
un grand peuple des actes qui les at-
teſtent, rédigés ſuivant l'ordre des
tems? C'eſt ce que nous avons encore dans les Livres de l'Ancien

C   Teſta-

Testament, c'est-à-dire, dans les Livres les plus anciens qui soient au monde ; dans des Livres qui sont les seuls de l'Antiquité, où la connoissance du vrai Dieu soit enseignée, & son culte prescrit, dans des Livres que le Peuple Juif a toujours réligieusement conservés. Il est certain que ce peuple est le seul qui dès son origine ait connu le Dieu Créateur du Ciel & de la Terre, le seul par conséquent qui puisse être dépositaire des Secrets Divins. Aussi les a-t-il conservés avec des attentions qui n'ont point d'exemples. Les Livres que les Egyptiens & les autres peuples appelloient divins, sont perdus il y a longtems, & à peine nous en reste-t-il quelque mémoire confuse dans les Histoires anciennes. Les Livres Sacrés des Romains, où Numa, Auteur de leur Religion, en avoit écrit les mysteres, ont péri par les mains des Romains mêmes ; & le Sénat les fit brûler comme tendans à renverser

la

la Religion. Ces mêmes Romains ont à la fin laiſſé périr les Livres Si-byllins ſi longtems révérés parmi eux comme prophétiques, & où ils vouloient qu'on crût qu'ils trouvoient les Décrets des Dieux immortels ſur leur Empire, ſans pourtant en avoir jamais montré au Public, je ne dis pas un ſeul volume, mais un ſeul Oracle. Les Juifs ont été les ſeuls dont les Ecritures Sacrées ont été d'autant plus en vénération, qu'elles ont été plus connues. De tous les Peuples anciens ils ſont le ſeul qui ait conſervé les monumens primitifs de ſa Religion, quoiqu'ils fuſſent pleins des témoignages de leur infidélité & de celle de leurs ancêtres. Et aujourd-hui encore ce même Peuple reſte ſur la Terre, pour porter à toutes les Nations où il a été diſperſé, avec la ſuite de la Religion, les miracles & les prédictions qui la rendent iné-branlable.

 Quand

Quand Jesus-Christ est venu, envoyé par son Pere pour accomplir les promesses de la Loi, il a confirmé sa Mission & celle de ses Disciples par des miracles nouveaux, qui ont été écrits avec la même exactitude. Les Actes en ont été publiés à toute la terre; les circonstances des tems, des personnes, des lieux, ont rendu l'examen facile à quiconque a été soigneux de son salut. Le Monde a examiné, le Monde a cru; & pour peu qu'on veuille considérer les anciens monumens de l'Eglise, on avouera que jamais affaire n'a été jugée avec plus de réflexion & de connoissance.

Mais dans les rapports qu'ont ensemble les Lives des deux Testamens, il y a une différence à remarquer, c'est que les Livres de l'ancien Peuple ont été composés en divers temps. Autres sont les temps de Moïse; autres ceux de Josué & des Juges, autres ceux des Rois; autres ceux où

le

le peuple a été tiré d'Egypte, & où il a reçu la Loi, autres ceux où il a été rétabli par des miracles éclatans. Pour convaincre l'incrédulité d'un peuple attaché aux sens, Dieu a pris une longue étendue de siecles, durant lesquels il a distribué ses miracles & ses Prophêtes, afin de renouveller souvent les témoignages sensibles, par lesquels il attestoit les vérités saintes. Dans le nouveau Testament il a suivi une autre conduite. Il ne veut plus rien révéler de nouveau à son Eglise après Jésus-Christ. En lui est la perfection & la plénitude; & tous les Livres Divins qui ont été composés dans la Nouvelle Alliance, l'ont été du tems des Apôtres. C'est-à-dire, que le témoignage de Jésus-Christ, & de ceux que Jésus-Christ même a daigné choisir pour témoins de sa Résurrection, a suffi à l'Eglise Chrêtienne. Tout ce qui est venu depuis l'a édifiée, mais elle n'a regardé comme purement inspiré de

 Dieu

Dieu que ce que les Apôtres ont écrit, ou ce qu'ils ont confirmé par leur autorité.

Ajoûtons que, dans cette différence qui se trouve entre les Livres des deux Testamens, Dieu a toujours gardé cet ordre admirable, de faire écrire les choses dans le tems qu'elles étoient arrivées, ou que la mémoire en étoit récente. Ainsi ceux qui les savoient, les ont écrites; ceux qui les savoient ont reçu les Livres qui en rendoient témoignage; les uns & les autres les ont laissés à leur postérité comme un héritage précieux; & la pieuse postérité les a conservés.

C'est ainsi que s'est formé le Corps des Ecritures Saintes tant de l'Ancien que du Nouveau Testament; Ecritures qu'on a regardées dès leur origine, comme véritables en tout, comme données de Dieu même, & qu'on a aussi conservées avec tant de Religion, qu'on n'a cru pouvoir sans im-

impiété les altérer dans les moindres chofes.

C'eft ainfi qu'elles font venues jufqu'à nous, toujours faintes, toujours facrées, toujours inviolables, confervées les unes par la Tradition du Peuple Chrétien, d'autant plus certaine qu'elle a été confirmée par le fang & par le martyre tant de ceux qui ont écrit ces Livres Divins que de ceux qui les ont reçus.

Mais allons plus loin. Ce Livre Divin eft entre nos mains; ouvrons-le & voyons ce qu'il contient. Bornons-nous à l'Evangile; puifqu'il ne fauroit être vrai & divin, fans que le Canon des Juifs ait les mêmes caracte-res. Affurément*), fi l'Ecriture Sainte du N. Teftament étoit lue dans les difpofitions d'efprit & de cœur où doit être tout homme qui cherche

C 4

fincé-

*) Voyez la Préface générale du N. Teftament de Mrs. de Beaufobre & Lenfant, pag. 150. & fuiv. de l'Edit. d'Amfterdam. 1741.

sincérement la vérité & la sainteté, on ose assurer qu'il n'y a, ni Juif, ni Payen, ni autre Infidele, ni même Libertin, qui ne trouvât qu'elle est toute propre à manifester les vertus de l'Etre souverainement parfait, aussi bien qu'à remplir tous les besoins de l'homme, & que ceux qui ont écrit ce Livre n'ont pû le faire de leur chef.

Le Juif embrasseroit avec avidité une Doctrine, qui, comme l'Ancien Testament, nous enseigne l'Unité d'un Dieu, & nous défend sévérement toute sorte d'Idolatrie. Il accepteroit avec joye un Médiateur, qui le délivre du joug que l'autre Médiateur lui avoit imposé. Ouvrant les yeux sur les vues de la Loi Cérémonielle, qui sont découvertes dans le Nouveau Testament, il ne seroit pas surpris qu'elle ait été abrogée. Et autant que son état précédent l'avoit fait soupirer après la venue du Messie, autant la considération de son état après la

ruïne

ruïne de Jerusalem & de son Temple, auquel le Culte Divin étoit attaché, autant, dis-je, cette considération le convaincroit-elle que le Messie est venu. Le Gentil d'un autre côté ne trouveroit rien d'étranger dans la Doctrine de l'Unité d'un Dieu, puisque les plus sages des Payens ont trouvé de l'absurdité dans la pluralité des Dieux, & qu'il y a même lieu de croire que Socrate a été une espece de martyr de l'Unité d'un Dieu. Il semble aussi qu'il ne seroit pas plus difficile aux Payens de recevoir Jesus-Christ comme le Médiateur entre Dieu & les hommes, que de donner, comme ils le faisoient, cette fonction aux Démons, c'est-à-dire, aux demi-Dieux ou aux ames des Héros. Le scandale de la Croix seroit levé fort aisément par la méditation de la Justice & de la Miséricorde Divines, qui y paroissent avec tant d'éclat; le Juif se convertissant à Jesus-Christ, au lieu de partager le crime de ses Ancêtres,

C 5

en

en recueilliroit les précieux fruits; le
Gentil, qui avoit recours à tant de
sacrifices pour l'expiation de ses péchés, adoreroit la sagesse de Dieu qui
a permis l'attentat des Juifs pour l'expiation des péchés du genre-humain.

Tous les hommes en général, de
quelque ordre & de quelque Religion
qu'ils soient, ne devroient regarder
qu'avec un profond respect & une
religieuse admiration, un Livre qui
porte ces deux caractères; l'un qu'il
leur offre un bien, dont la Nature a
imprimé en eux le désir ineffaçable,
c'est le souverain bonheur? l'autre
que, pour les y conduire, il ne fait
que les ramener à la Religion du cœur,
& aux principes de le leur propre
conscience, n'exigeant rien d'eux
qu'ils ne se dussent à eux-mêmes,
quand il n'y auroient point de Loi,
s'ils vouloient faire un bon usage de
leur Raison. Où trouvera-t-on un
Livre, qui enseigne un Culte plus
digne

digne tout enfemble, & de la Divinité & de la Créature raifonnable? Il
eft fimple, dégagé de toute Cérémo-
nie & de toute pratique qui n'a rien
de faint en foi-même, ou qui ne conduit pas à la Sainteté.   Mais il eft en
même tems grand & noble.   Il confifte à aimer par deffus toutes chofes l'Etre fouverainement aimable, &
à lui témoigner cet amour par une
obéiffance pure & fincere à tous fes
commandemens.   Avoit-on jamais
vû auparavant un Corps auffi complet des devoirs de l'homme tant envers Dieu, qu'envers foi-même, &
envers le prochain? L'ami y voit avec
raviffement l'équité naturelle délivrée
de l'oppreffion où les paffions déréglées l'avoient fi longtems retenue.
Les obligations naturelles & indif-
penfables à la juftice, à la miféricorde, à l'amour fraternel, à la tempérance, à la modération dans l'ufage
des biens à la conftance dans les maux,
à la patience dans les afflictions, à la
réfi-

réfignation dans toutes fortes d'épreu-
ves, toutes ces obligations, dis-je,
& plufieurs qui contribuent à notre
perfection & à notre bonheur, y font
établies avec la dernière évidence,
appuyées fur les plus puiffans motifs.

Cette Religion Celefte, non contente de régler les actions extérieures,
va jusqu'au fond du cœur pour y faire régner la Sainteté. La lumiere naturelle avoue ce qu'elle ordonne même de plus rigide, & de plus infup-
portable à la corruption du cœur.
Car qu'eft-ce que renoncer à foi même, finon dépouiller un amour propre aveugle & défordonné, qui nous
livre à la fougue de nos paffions, &
qui nous perd, pour revêtir un amour-
propre fage, légitime, également falutaire dans le tems & dans l'éternité.
Le Martyre & la Croix n'entrent pas
directement dans le plan d'une Religion toute deftinée au bonheur de
l'homme; mais la Raifon elle-même
veut que nous perdions la vie, &, s'il
étoit

étoit poffible, que nous fouffrions même mille morts, plutôt que de trahir
Dieu, & de renoncer à notre falut
par des actions criminelles. Quand
la Religion ordonne au Crêtien de bénir fes ennemis, n'eft-ce pas une foû-
miffion due aux ordres de la Providence, qui permêt que nous foyions
expofés à leurs attaques? D'ailleurs,
en nous prefcrivant de pardonner les
injures, & d'ufer de charité envers
nos plus injuftes aggreffeurs, l'Evangile prévient les vengeances particulieres qui ne fervent qu'à défoler la
Société, il laiffe aux Magiftrats leurs
droits, mais fur tout au Souverain
Maître un droit dont il eft à jufte titre jaloux. En un mot, il n'y a point
de Législateur qui, voulant former
une Société bien réglée & la rendre
heureufe, eût pu choifir des Maximes plus propres que celles du Chriftianifme au bien public, à celui des
particuliers, auffi bien qu'à porter
les fujets à une obéiffance conftante

&

& une fidélité inviolable, parce que ces dispositions ne peuvent avoir leur source que dans le cœur. De cette maniere la Religion Chrétienne a un avantage qu'aucune autre ne possede, au moins à ce degré, c'est que par les mêmes Maximes elle assure la félicité des hommes pour cette vie & pour la vie à venir.

On ne peut à la vérité contester à quelques Sages du Paganisme la gloire d'avoir enseigné une fort belle Morale. Mais elle étoit toujours defectueuse à quelques égards; & il n'y en a aucun d'entr'eux qui n'ait autorisé quelque vice. La Morale Chrétienne n'en épargne aucun; elle condamne même jusqu'aux apparences du mal. Mais ce qu'il y a d'essentiel, est que la Morale des meilleurs d'entre les Philosophes Payens péchoit dans les principes; ce n'étoit qu'une simple honnéteté, par laquelle ils tendoient à leur propre utilité, à leur propre satisfaction, à leur propre gloire, sans

aucun

aucun rapport à la gloire de l'Etre tout faint. En un mot, il n'y avoit aucune Sainteté dans leurs vertus: ou bien, s'ils avoient deffein de plaire aux Dieux, l'objet étant faux, les vertus l'étoient auffi. Ils manquoient, avec cela, de motifs fuffifans pour rendre les hommes conftans dans la pratique de ces devoirs dont ils faifoient une fi belle peinture. Sénéque parle magnifiquement du mépris du monde; mais il ne perfuade pas, parce qu'on ne voit ni le motif, ni la preuve de fait de ce mépris. La Raifon nous apprend bien à ne pas abufer des biens temporels, en nous livrant aveuglément à nos paffions, parce que tout excès deshonore, & ruine infailliblement de maniere ou d'autre. Mais, s'il n'y a point d'autres biens que ceux du monde, c'eft orgueil, ou fimplicité, de les méprifer. La Morale des Apôtres fe foutient parfaitement. Elle ne défend l'ufage des biens du monde,

qu'au-

qu'autant qu'il mêt obstacle à la pos-
session des biens du Ciel, & à la pratique de la Sainteté, qui en est le
chemin. En un mot elle est fondée
sur ce principe du bon-sens, de pré-
férer ce qui est stable & certain à l'in-
stabilité même, ce qui est éternel à ce
qui n'est que passager & périssable, &
de sacrifier un avantage médiocre à un
avantage infini.

La Morale des Ecrivains Sacrés a
encore une grande prérogative sur
celle des Payens, c'est que ces derniers ne s'accordent pas dans l'idée
qu'ils donnent de la Vertu. Il paroît
par leurs variations, ou qu'ils se font
fait un système de vertu selon leur
propre génie, ou qu'ils ont eu des
Maîtres différens. Mais les Apôtres
ont été si uniformes, sans se consul-
ter, qu'on voit bien qu'ils n'ont eu
qu'un même Maître, & le plus excellent de tous les Maîtres.

Un homme attentif n'aura pas de
peine à tirer la conséquence qui naît
de

de toutes ces réflexions; c'est que les Auteurs de ces Livres qui contiennent une Doctrine & une Morale si complettes dans toutes leurs parties, si parfaites dans leurs dégrés, si proportionnées à tous les besoins de l'homme, ont dû être inspirés par celui qui, ayant fait l'homme, sait parfaitement comme il le faut gouverner.

De la véracité & de la fidélité des Ecrivains Sacrés sortent comme d'une source abondante & pure, plusieurs vérités importantes. Si les Ecrivains Sacrés n'ont rien avancé que de vrai, le Recueil de leurs Ecrits est un Livre Divin, puisqu'ils témoignent avoir eu une vocation divine à enseigner ce qu'ils ont annoncé. Si les Ecrivains Sacrés du N. Testament n'ont rien annoncé que de vrai, la Religion Chrêtienne est véritable; & par conséquent il y a un bonheur éternel attaché à la foi & à la piété, & une éternité malheureuse réservée à

D l'inl'incrédulité & à l'impénitence. Enfin si les Ecrivains du N. Teſtament n'ont dit que la vérité, toute autre Religion eſt ou fauſſe, ou abrogée. Cette derniere idée eſt remarquable, parce qu'elle nous fait voir comment les Ecrivains du N. Teſtament, en rendant témoignage à la vérité de l'Ancien, n'ont pas laiſſé de montrer qu'il n'avoit plus lieu, au moins par rapport à la Loi Cérémonielle.

Mais c'eſt aſſez conſidérer les Diſciples, élevons nos regards jusqu'au Maître; fixons-les ſur le *Chef & le Conſommateur de notre foi.* Quel caractere que celui du Sauveur? Ne renferme-t-il pas ſeul une démonſtration de la Vérité & de la Divinité de la Religion?*) Ce ſeroit faire tort à Jeſus-Chriſt que de le comparer avec ce qui a fait l'admiration de tous les

---

*) Voyez Abbadie. *Vérité de la Religion Chrétienne.* Tom. II. p.73. & ſuiv. de l'Edition d'Amſt. 1729.

les fiecles.*) Que l'on prenne ce qu'il y a de mieux écrit en fait de Vies & d'Eloges, les Narrations qui ont été compofées avec le plus d'art, les Panégyriques qu'on a mis plufieurs années à polir; qu'on raffemble toutes les idées de vertu que la conduite des Hommes illuftres & l'efprit de ceux qui les ont loués avec le plus de zele & d'habileté, peuvent fournir; qu'on fonde enfemble les Catons & les Ariftides; qu'on épure même leurs vertus en les féparant de leurs défauts, & qu'on leur prête toutes les bonnes qualités difperfées ailleurs; je foûtiens que toutes ces idées n'approcheront point de la perfection que les Evangéliftes nous font concevoir dans Jefus-Chrift, fans hyperbole & fans art, par le récit le plus fimple & le plus naïf de fes actions. On n'a qu'à fuivre le fil de fa vie & pefer fcrupu-

D 2 leu-

*) M. Rouffeau le développe lui-même plus bas avec une énergie qui nous empêche d'y infifter autant que nous pourrions le faire.

leufement toutes fes démarches, pour voir fi l'on peut y trouver une ombre de vice, le moindre veftige des paffions humaines. Sondez, examinez le cœur humain; vous n'en tirerez jamais des vertus, telles que font celles de Jefus-Chrift.

Comment croit-on que le Fils éternel de Dieu a dû vivre, fuppofé qu'il foit venu au monde, fi ce n'eft comme Jéfus-Chrift? Quel langage doit-il avoir parlé que celui de Jéfus-Chrift? Quelles vertus doit-il avoir pratiquées que les vertus de Jéfus-Chrift? Quelle charité doit-il avoir fait éclater que celle de Jéfus-Chrift? Et à qui en un mot aura-t-il dû reffembler fi ce n'eft à cet Homme en qui nous ne trouvons point l'homme, mais où brillent toutes les vertus d'un Dieu, cachées fous le voile d'une chair infirme?

Quels difcours fur tout que les fiens? Il parle d'une maniere fimple & noble, digne de la fageffe éternelle de Dieu, & accommodée à la foible

ble portée des hommes. Lisez ce
Sermon excellent qu'il fit aux trou-
pes sur la montagne; examinez la so-
lidité des réponses qu'il fait à tous
ceux qui l'interrogent, là beauté des
Maximes qu'il ne cesse de prononcer,
& qui semblent toutes sortir du sein
de la piété & de la charité.

Ouï, si l'on considere la maniere
dont Jésus-Christ parle, *) soit lorsqu'il nous révéle les Vérités Célestes,
soit lorsqu'il nous préscrit nos devoirs,
soit lorsqu'il nous fait ses grandes &
précieuses promesses, on se trouvera
de plus en plus confirmé dans la per-
suasion de cette vérité, que *jamais
homme ne parla comme lui.* On ne lui
entend point faire de ces raisonnemens subtils & rafinés, plus propres
à faire connoître l'étude de celui qui
parle, qu'à instruire & à persuader
ceux qui écoutent; on ne lui voit
point employer ce bien-dire par ex-

D 3

cel-

*) Voyez les Sermons de M. la Treille, To-
me I. pag. 52. & suiv. & lisez tout le Sermon, d'où cette Citation est tirée.

cellence, ces termes pompeux, ces comparaisons forcées, ces mouvemens outrés, dont les Livres des Philosophes sont pleins. Il parle simplement, naturellement, sans faste, sans ostentation, s'accommodant à la portée de tout le monde, empruntant les images des choses les plus communes & les plus familieres; mais en même tems on sent que *ses paroles sont esprit & vie;* qu'elles ont une force à laquelle il est impossible de résister; qu'elles sont animées d'un feu qui fait que *notre coeur brule au dedans de nous,* lorsque nous l'écoutons; que *perçantes comme une épée à deux trenchans, elles atteignent jusqu'à la division de l'ame & de l'esprit, des jointures & des moelles.*

Quand ce Docteur Céleste nous parle de Dieu & des choses divines, il le fait avec une facilité qui ne permét pas de douter un seul moment que ces choses ne lui soient parfaitement connues. Il en parle avec une Majesté digne de Dieu; mais en même me tems avec une clarté & une évidence, qui les rend fenfibles aux plus fimples d'entre les hommes, toutes fpirituelles & fublimes qu'elles font. Quand il donne fes Préceptes, il le fait avec une force qui les rend refpectables, & une condefcendance qui les rend aimables. Il n'imite point ces lâches prévaricateurs, qui n'ofent dire la vérité, ou qui ne la difent qu'avec de grands adouciffemens, de peur de s'attirer la haine de ceux qui les écoutent. Il ne ménage perfonne lorsqu'il s'agit des intérêts de Dieu & de la Religion, il n'a pas plus d'égard pour les grands que pour les petits; il enfeigne la voye de Dieu en vérité, parce qu'il ne confidere point la qualité des perfonnes. Il parle, il commande en Maître qui veut être obéi, & au lieu que les Prophêtes fe contentoient de parler au nom de Dieu: *Ainfi a dit l'Eternel*, il parle en fon propre nom; *mais moi je vous dis.* Quand il nous promêt la vie éternel-

D 4

le,

le, il le fait comme en étant le maître & le dispensateur, comme en tenant cette vie entre ses mains, comme pouvant la donner à qui il lui plaît, mais en même tems il nous sollicite fortement à l'accepter. Dans tous ses Discours on sent qu'il n'a point de plus ardent désir que de nous rendre heureux ; *c'est de l'abondance de son coeur que sa bouche parle*, offre, promêt. En un mot *la grace est répandue sur ses levres*, & ses propres ennemis *s'étonnent des paroles pleines de sagesse & d'autorité qui sortent de sa bouche*.

Les miracles sont le sceau de la Mission des hommes divins ; & ceux qui ont été opérés dans l'une & dans l'autre Oeconomie, ont tous les caracteres qui peuvent produire la conviction. On ne peut les nier, sans montrer une mauvaise foi que n'ont pas eue les Juifs & les Payens ; on ne peut affecter de les confondre avec les faux prodiges qui ont séduit quelquefois les hommes, sans déraisonsonner de la maniere la plus absurde; on ne peut enfin refuser d'admettre les conséquences qui en résultent en faveur de la Doctrine, sans heurter les premieres notions, les principes de tout raisonnement & de toute certitude.

Mais on se retranche ici dans l'embarras apparent que cause l'espece de cercle, en vertu duquel, après avoir prouvé la Doctrine par le miracle, il faut prouver le miracle par la Doctrine, de peur de prendre l'Oeuvre du Démon, pour celle de Dieu. Répondons à cette difficulté *).

Il y a des miracles **) qui sont des preuves certaines de vérité; & il y en

D 5

a qui

*) M. R. la croit térassante. *Que pensez-vous*, dit-il, *de ce dialele?* Et dans la Note sur cet endroit, il reproche *des subtilités au Christianisme*, & prétend que Jésus-Christ a eu tort de promettre le Royaume des Cieux aux simples, puisqu'ils ne sauroient se démêler de semblables distinctions.

**) Voyez *la Religion Chrétienne, prouvée*

par

a qui ne font pas des preuves certaines de vérité. S'il n'y en avoit jamais qui fuſſent joints à l'erreur, il y auroit certitude pour eux ſans autre diſcuſſion, comme il y auroit certitude contraire, s'il n'y en avoit jamais qui fuſſent joints à la vérité. Par conſéquent il faut une marque infaillible qui en découvre la différence. Autrement ils reſteroient toujours équivoques, inutiles, & incapables de déterminer. Or ils ne font pas inutiles, puisqu'ils font des fondemens de croyance. Quelle ſera donc cette regle? C'eſt de diſcerner les miracles par la Doctrine. Les miracles font des piéges, quand ils appuyent le menſonge; ils font preuves, quand ils ſecondent la vérité connue. En voici la démonſtration.

Il eſt impoſſible que Dieu employe ſa puiſſance, ou qu'il en permette l'uſage, contre lui-même. Rien n'eſt
plus

<hr>

par les faits, par M. l'Abbé Houtteville, Edit. de Paris, 1740. en 3 vol. *in* 4. Tom. III. p. 139. & ſuiv.

plus évident. Or il feroit auteur de ce défordre s'il faifoit, ou s'il permettoit des miracles qui combattiffent la vérité connue; car la fin principale des miracles eft de fervir de témoignage à la vérité, & la vérité ne peut fe combattre elle-même. Donc, fi Dieu faifoit, ou s'il permettoit des miracles oppofés à la vérité connue, ces miracles fe tourneroient contre lui; fes attributs agiroient contre d'autres attributs; fa puiffance contre fa véracité: ce qui eft vifiblement abfurde. Donc il eft impoffible que Dieu faffe des miracles en faveur du menfonge connu. Donc ces miracles, quand il en arrive, font ou faux, ou des tentations, ou les œuvres d'un efprit malin, ennemi de Dieu & des hommes. C'eft auffi cette regle fi fimple, mais fi féconde & fi belle que Moyfe donnoit aux Juifs: *s'il s'éleve*, difoit-il, *au milieu de vous un Prophête, ou quelqu'un qui dife qu'il a eu une vifion en fonge, &*

qu'il

qu'il préfage quelque chofe d'extraordinaire ; fi ce qu'il a dit, arrive & qu'il ajoûte en même tems : Allons, fuivons des Dieux étrangers qui vous étoient inconnus, & fervez-les ; gardez-vous d'écouter les paroles de ce Prophête, ou de cet inventeur de fonges & de vifions, parce que le Seigneur votre Dieu vous éprouve, afin qu'il paroiffe, fi vous l'aimez. Il eft clair par-là que la Doctrine doit fervir au difcernement des miracles, & que, pour juger s'ils font ou ne font pas de Dieu, il n'eft queftion que d'obferver fi ce qu'ils autorifent, eft conforme, ou contraire, aux notions foit naturelles, foit révélées. Or, fi l'on parcourt tous ceux qui fe font faits hors du fein de la Synagogue & de l'Eglife, on trouvera qu'ils introduifoient, ou fervoient à maintenir la pluralité des Dieux, des fables groffieres, la licence des mœurs, & des impiétés manifeftes. Ces miracles n'étoient donc point de Dieu, puisqu'ils s'oppofoient au regne de la

vérité

vérité connue; & les hommes, en raisonnant, il est vrai, mais sans avoir besoin de s'enfoncer dans des raisonnemens abstraits, ne devoient pay y croire.

Mais quoi! Si la Doctrine discerne les miracles, les miracles ne discernent donc point la Doctrine, & il étoit inutile à Jésus-Christ d'en faire tant en preuves de la sienne? Ne précipitez point votre jugement. L'un & l'autre est véritable sans se contredire. Il faut que la Doctrine donne du poids aux miracles, & que de leur côté les miracles appuyent la Doctrine; s'il y a dans cette proposition quelque reste d'obscurité, il est aisé de l'éclaircir.

Les miracles par eux-mêmes, nous l'avons déjà reconnu, ne font point des preuves infaillibles de la vérité, puisqu'ils accompagnent quelquefois l'erreur; d'un autre côté la Doctrine, quand elle a quelque chose d'extraordinaire, ne sauroit toujours suffire à se fe démontrer elle même. Donc pour lever tous les doutes, il faut deux chofes. Premierement, que ce qu'il y a d'extraordinaire dans la Doctrine, ne foit pas en contradiction avec les vérités dont l'efprit a déjà une connoiffance évidente; fecondement, que ce que la Doctrine renferme au délà de ces vérités évidentes, foit prouvé par des miracles. En ce cas les miracles tirent leur force de la Doctrine, & la Doctrine juftifie les miracles. Ces conditions, comme on le voit, ne font point oppofées, ne s'excluent point. Tout au contraire, elles fe prêtent un fecours mutuel; & leur union conduit la vérité au plus haut dégré de démonftration qu'on puiffe défirer. Achevons d'en convaincre tous ceux qui pourroient conferver quelque doute à cet égard.

Les Juifs avoient la Doctrine de Moyfe, Doctrine divine, & confirmée par de nombreux miracles. Cette Doctrine défendoit expreffément

de

de croire aux prodiges faits en témoignage d'une Doctrine contraire : elle ordonnoit de recourir au Grand Pontife dans le cas du doute, & d'acquiefcer à fa décifion.   Vous conclurez peut-être delà que les Juifs ne devoient croire ni à Jéfus-Chrift ni à fes Apôtres ; & moi j'en tire une conféquence tout oppofée en fuivant cette gradation de raifonnemens.

Que demandoit Jéfus-Chrift ? Que l'on crût qu'il étoit le Meffie.   Il en prenoit le titre.   Mais comment juger qu'il n'étoit pas un trompeur ? L'Ecriture portoit, il eft vrai, qu'en certain tems viendroit un grand Prophéte, & que c'étoit lui qu'il falloit écouter.   Mais le Texte qui le prédifoit n'étoit pas fi clair qu'on ne pût s'y méprendre dans l'application.   Il falloit donc, pour en recevoir l'intelligence recourir au Grand-Prêtre. Mais comment le Grand-Prêtre luimême pouvoit-il infailliblement décider ? Car enfin Jéfus-Chrift pouvoit

être

être le Liberateur promis, & pouvoit auſſi ne l'être pas. Devoit-il s'en rapporter aux miracles? Oui, mais non pas aux miracles ſeuls. On en avoit tant vû favoriſer l'erreur. Devoit-il juger par la Doctrine? Oui, mais non par la Doctrine ſeule. Elle étoit le point même dont il étoit queſtion. Pour ſortir de cet embarras, ce qu'il falloit donc faire étoit de juger de la Doctrine ſur les miracles, & des miracles par la Doctrine. Or la Doctrine de Jéſus-Chriſt prouvoit que ſes miracles étoient de Dieu, parce qu'elle étoit conforme à la Doctrine de Moyſe, Doctrine elle-même autoriſée par tant & de ſi grands prodiges ; & ſes miracles prouvoient ſa Doctrine, parce qu'il prouvoient la vérité des explications qu'il donnoit aux paſſages douteux des Prophêtes.

Si Jéſus-Chriſt n'eût fait que des miracles ſans retenir les vérités déjà reçues, ſa Miſſion eût été fauſſe, ſes miracles trompeurs ; & s'il n'en eût

point

point fait, ce qu'il ajoûtoit au délà des articles reçus, demeuroit fuf- pect & fans preuve. Mais en appuyant, comme il a fait, l'un par l'autre, il mettoit en évidence les tîtres de fa Miffion, & coupoit toute difficulté jusques dans la racine. On ne pouvoit alors & on ne peut aujourdhui, en faire que d'injuftes, & par un opiniâtre aveuglement.

Un examen plus particulier, & pleinement détaillé des miracles du Sauveur, ne pourroit que convaincre de plus en plus qu'ils ont été à tous égards tels qu'ils devoient être pour le mettre en droit de les prendre, comme il le fait fi fouvent, pour des garans irrécufables de fa Doctrine & de fa Miffion, pour demander que, fi l'on ne croit pas à fes Difcours, on croye à fes Oeuvres. Les Juifs les plus endurcis, les plus rebelles, en fentoient bien la force, lorsqu'ils difoient: *Cet homme fait beaucoup de miracles; & fi nous le laiffons faire, tout* *le monde croira en lui.* La néceffité de ces miracles, pour établir le Chriftia-nifme, leur évidence & leur notorié-té, leur nombre & leur grandeur, l'obligation de croire en un Miniftre qui juftifioit fon autorité par de fem-blables Oeuvres, font autant d'idées qu'il eft aifé de développer d'une ma-niere auffi convainquante pour l'efprit que touchante pour le cœur*).

Mais toutes ces difcuffions fur les miracles ne feront pas faire de grands progrès aux Ennemis de la Religion dans l'entreprife qu'ils ont formée de de la détruire tant que le fondement inébranlable de cette Religion de-meurera à l'abri de tous leurs efforts. Tant qu'ils ne pourront invalider le fait décifif de la Réfurrection du Sau-veur, tous les genres de certitude fe réunif-

---

*) C'eft ce qu'a fait *M. de Baufobre* dans *fes Sermons fur la Réfurrection de La-zare.* Lifez en particulier les Sermons XXXIV-XXXVIII.

réuniffent en faveur de ce fait, & le conduifent au plus haut dégré d'évidence. C'eft ici qu'il eft pleinement impoffible que Dieu ait revêtu l'impofture de tous les caracteres de la vérité.

Quand on confidere les témoins qui dépofent de la Réfurrection du Sauveur*), on voit qu'ils font en nombre plus que fuffifans, qu'ils rapportent ce qu'ils favent par eux-mêmes, que le tour qu'ils donnent à leur témoignage eft équivalent aux Sermens les plus folemnels, qu'ils atteftent la Réfurrection de Jéfus-Chrift, dans le lieu même & le plutôt qu'il fe peut, & qu'ils donnent à leur témoignage le plus grand éclat, prenant foin d'en informer tout le monde de la maniere la plus folem-

E 2

nelle.

*) Voyez *la Religion Chrétienne démontrée par la Refurrection de N. S. Jéfus-Chrift,* par M. Ditton, trad. par M. A. D. L. C. Amft. 1728. & *les Témoins de la Réfurrection* par M. Scherloc, trad. par M. Le Moine,

nelle. Ces témoins avec cela font tous fans tache & d'une vertu non fufpecte. On ne fauroit imaginer le moindre intérêt temporel qu'ils euffent à rendre ce témoignage: au contraire tous les préjugés de la naiffance & de l'éducation devoient les en détourner, s'ils avoient quelque peu de confcience; ni la Religion dans laquelle ils avoient été élevés, ni celle qu'ils prêchoient, ne leur permettoit d'avancer une impofture femblable. Or il eft clair comme le jour, que les témoins de la Réfurrection de Jéfus-Chrift avoient de la confcience, c'eft-à-dire, qu'ils n'étoient, ni fcelérats, ni athées. On ne fauroit même douter qu'ils ne fuffent très-fincérement & très-pleinement convaincus de la vérité de ce qu'ils prêchoient. Il eft de la même évidence qu'ils n'ont été des vifionnaires & des foux.

Tel eft leur caractere vrayment irrécufable; mais il n'y avoit d'ailleurs dans

dans leur situation aucun moyen propre à faire réussir l'imposture; & rien ne put prévenir en leur faveur que la force de la vérité. Aussi cette force existoit-elle au plus haut dégré: elle offroit à l'esprit tous les caracteres requis pour l'évidence morale. Leur témoignage est si complet que le rejetter, c'est nier tout ce qui constitue cette évidence. On est entraîné dans les plus étranges absurdités quand on s'attache à la supposition que la Résurrection du Sauveur ne fut qu'une trame heureusement ourdie, un complot justifié par le succès.

Il faut croire qu'une méprisable troupe d'indignes fripons, sortis d'une Nation & d'une Religion également haïes, sans savoir, sans expérience dans les affaires, sans éloquence & déstitués de tous les talens qu'on estime & qui plaisent, l'emporterent sur tout l'esprit, sur tout le pouvoir & sur toute l'adresse du monde; & qu'en prêchant une Religion très-méprisée,

in-

incroyable, directement oppofée aux paffions & à l'intérêt temporel des hommes, à leurs Religions, à leurs Coûtumes, à leur Raifon, à leurs Syftêmes Philofophiques, ils la répandirent pourtant fi bien d'un bout de la Terre à l'autre, qu'il n'y eut presque point de Nation, qui, en tout ou en partie, ne la reçut comme une Révélation Divine, & comme l'unique moyen du falut.

Que fi l'on prend fimplement les Apôtres pour des gens dont l'efprit étoit foible, ou le cerveau dérangé, il faut croire qu'ils tirerent de la feule force d'une imagination échauffée tous les fecours qui produifirent des effets fi furprenans; ou bien que cette quantité prodigieufe de gens qui fe rendirent à leur prédication, étoient encore plus foux qu'eux; qu'ils fe laifferent furprendre par l'enthoufiafme le plus infenfé; qu'ils reçurent des extravagances pour des raifons; qu'un tiffu de menfonges palpables

leur

leur parut un syſtême démontré; que tant de gens éclairés, Savans, Philoſophes, Magiſtrats, crurent trouver des preuves où il n'y en avoit point, de la clarté dans ce qui étoit ténébreux, de la grandeur, de la majeſté, dans un vain aſſemblage de mots prononcés par de pauvres fanatiques, qui les prononçoient au haſard, & qui n'y attachoient point d'idées.

Il faut croire enfin qu'une des plus grandes & des plus mémorables révolutions qu'il y ait eu dans le monde, fut produite ſans aucuns moyens naturels qui y convinſſent, ou ſans aucune aſſiſtance ſurnaturelle. C'eſt ici où nous ſommons; nous conjurons les Déiſtes de rentrer en euxmêmes, de faire uſage de leur jugement, & de ne pas renoncer à toute bonne-foi. Ils voudroient ſe débarraſſer des miracles, & anéantir ſurtout celui de la Réſurrection du Sauveur. Tous leurs efforts ſont inuti

 les;

les; mais, quand ils feroient efficaces, croiroient-ils être au bout de leur tâche? Non fans contredit; ils n'auroient fait au contraire que fe préparer une difficulté plus infurmontable que toutes les autres; ils feroient obligés d'admettre ou un miracle plus grand que tous ceux qu'ils rejettent, ou la plus infoutenable de toutes les contradictions, c'eft la prédication de l'Evangile & les fuccès dont elle a été accompagnée, la propagation rapide & univerfelle du Chriftianifme, fans qu'il ait exifté aucune caufe qui puiffe expliquer ces faits, on plutôt malgré le concours de toutes les caufes propres à étouffer le Chriftianifme au berceau, & à faire difparoître pour jamais la créance de fes Dogmes de deffus la face de la Terre.

Le dernier ordre*) de Jéfus-Chrift à fes Apôtres étoit celui-ci: *Vous me fer-*

*) Voyez le *Traité de la Vérité de la Religion*

ſervirez de témoins par toute la Terre. Allez donc inſtruire & batiſer toutes les Nations, & enſeignez-leur à garder tous les Préceptes que je vous donne. La commiſſion eſt belle; mais qui ſont ils pour l'exécuter? L'oſeront-ils? Le pourront-ils? Appartient-il à des gens comme eux de s'élever contre les préjugés de toutes les Nations, de lutter tout-à-la fois contre la puiſſance & la fauſſe ſageſſe du monde, de s'ériger en Reformateurs de l'Univers? Mais ce qui leur manquoit en eux-mêmes, Dieu le leur donne; il les rend ſages de ſa ſageſſe, & forts de ſa force. Jéſus leur communique & leur tranſmêt ſon pouvoir ſurnaturel. Le ſymbole extérieur dont il accompagna ces dons intérieurs le jour de la Pentecôte, ſervoit à les aſſurer de la réalité de la choſe. Car il ſeroit trop dangereux de juger de

E 5

l'in-

gion *Chrétienne* par M. Vernet, Tome IV. Sec. Edit. Gen. 1751. p. 351. & ſuiv.

l'infpiration par un fentiment inté-
rieur, fouvent équivoque; il y a plus
de furété quand un figne vifible &
miraculeux fe joint au fentiment.
Auffi l'état des Apôtres ne reffem-
bloit-il point au trouble & à l'émotion
des enthoufiaftes, ou de ces Devins
du Paganifme, qui effectoient d'être
faifis & mis hors d'eux-mêmes par
l'infpiration de leur Dieu*). Tout
étoit grave & calme chez les Apôtres, parce qu'une vraye infpiration
ne doit point reffembler au fanatifme.
C'eft une forte d'illumination, qui
rend la vue de l'efprit plus étendue &
plus nette, & le fentiment des vérités celeftes plus vif, fans troubler les
fens. Elle confiftoit principalement
chez les Apôtres à avoir toujours préfent à l'efprit ce qu'ils avoient ouï de
leur Divin Maître, à l'enfeigner fidélement

*) *Bacchatur vates, magnum fi pectore poffit*
Excuffiffe Deum.
         Virg. Aen. Lib. VI. v. 78. 79.

lement & sans mélange d'erreur, à montrer une patience & un zele infa-tigable, à faire des miracles, comme leur Maître en avoit fait, & à être comme ses substituts pour élever l'édifice dont il avoit jetté lui-même les fondemens.

Moyennant un tel secours les Apôtres & les premiers Disciples du Seigneur Jésus attesterent hautement sa Résurrection, & enseignerent tout ce qu'ils tenoient de lui avec non moins de force & de succès, qu'il auroit fait lui-même, s'il étoit resté sur la Terre. On les vit aller en divers lieux, instruisant les Juifs & les Payens, édifiant tout le monde par leur exemple, & prouvant la vérité de l'Evangile, non *avec les tours étudiés de l'éloquence humaine, mais avec une démonstration d'esprit & de vertu Divine, afin que la Foi des Chrêtiens ne fût pas appuyée sur la sagesse des hommes, mais sur la puissance de Dieu.*

Qui

Qui oſeroit dire après cela que Jé-ſus-Chriſt n'ait point paru avec aſſez de gloire? Les grands du monde brillent pendant le court eſpace de leur vie; mais ont-ils les yeux fer-més? leur puiſſance tombe, leurs projets s'évanouiſſent; tout eſt enſé-veli avec eux. Le regne du Meſſie eſt tout différent. Obſcur pendant ſa vie, il brille dans la ſuite des âges. Qui l'eût vû dans l'état abject où il ſe montra alors, auroit dit que ſon nom alloit bientôt s'éteindre avec lui & que la ſeconde génération n'en enten-droit plus parler. Cependant voilà plus de dix-ſept ſiecles écoulés, & non ſeulement on parle de lui, mais on bénit ſon nom jusqu'aux bouts de la Terre. Ce Jéſus tout pauvre qu'il a paru, ce Jéſus ſi indiguement re-buté, foulé aux pieds, crucifié, a pourtant fondé un Empire plus éten-du & plus durable qu'aucun de ceux dont l'Hiſtoire faſſe mention. Sa pa-role retentit en tous lieux; pluſieurs

Rois

Rois jettent leur Couronne à fes pieds; la Croix eft devenue un trophée.

Ah! ne nous laffons pas d'admirer un fpectacle fi beau, fi grand, fi divin! Malgré tant d'obftacles*) qui s'oppofent à l'établiffement de l'Evangile, malgré la nouveauté étrange de cette Doctrine & fon incompatibilité avec les idées & les inclinations des hommes, malgré l'attachement des Peuples pour leur Religion, malgré le foin empreffé des Magiftrats pour arrêter le cours de toute innovation, malgré les liens & les tribulations qui fe prefentent partout, malgré la violence des perfécuteurs & la cruauté des Bourreaux, malgré l'extrême foibleffe des Apôtres; ces Docteurs fi peu confidérables à toutes fortes d'égards, ne laifferent pas de fe faire écouter par des milliers de perfonnes, qui embraffent avidement leur Doctrine,

qui

*) *Sermons de la Treille.* Tom. I. p. 473. 474.

qui souffrent la mort pour elle avec
une constance inébranlable, & même avec une vive allégresse. A ne
regarder que le dessein en lui-même,
il renferme déjà quelque chose de
surnature'. Entreprendre d'attaquer
non-seulement la Religion de son
propre pays, mais toutes les Religions du monde, de changer la face
des Empires, des Royaumes, des
Républiques, des Villes, de tous les
Etats, est-ce un dessein qui puisse
tomber dans des ames de boue?
Saints Apôtres, pardonnez cette expression, nous ne l'employons que
pour rélever la gloire de notre commun Maître! Jamais les Alexandres
& les Césars formerent-ils d'entreprise
plus grande, plus hardie, plus difficile! Mais que ces gens de néant,
après avoir formé le dessein, l'exécu-
tent; qu'ils aillent hardiment, décla-
rer la Guerre au monde idolâtre, su-
perstitieux, corrompu, qu'ils con-
fondent les Philosophes, qu'ils fas-
sent

fent taire fes Orateurs, renverfent les idoles, abattent les Synagogues, fur-montent les plus cruels tourmens & la mort même, amenent non-feule-ment les corps, mais les cœurs & les penfées même prifonnieres à leur Maître; qu'ils perfuadent aux peuples de les fuivre au travers des feux & des fupplices; ne faut-il pas s'aveu-gler foi-même, pour ne pas voir là le bras de l'Eternel, qui fe révele d'une maniere également fenfible & efficace?

Dira-t-on que la Religion de Mahomet fe répandit autrefois avec autant de rapidité que l'Evangile, qu'elle occupe aujourd'hui des Contrées fort étendues, & que fes fectateurs témoignent pour elle autant & peut-être, plus de refpect que les Chrétiens pour la leur*)? Mais quel rapport cet événement peut-il avoir avec les

*) „Si les Turcs, dit M. R. exigent de nous „pour Mahomet, auquel nous ne croyons „point

les progrès de l'Evangile? Qui ne
fait que Mahomet, pour attirer les
Gentils, retint une partie de leurs fu-
perftitions; que pour fe concilier les
Juifs, il adopta la Circoncifion & diverfes autres Cérémonies Mofaïques,
que pour gagner les Chrêtiens, il di-
foit du bien de Jéfus-Chrift & en par-
loit comme d'un grand & excellent
Prophête? D'un autre côté la Religion de Mahomet eft une Religion de
chair & de fang; plufieurs vices y
paf-

„point, le même refpect que nous exi-
„geons pour Jéfus-Chrift, des Juifs qui
„n'y croyent pas davantage, les Turcs ont-
„ils tort, avons-nous raifon? Sur quel
„principe équitable réfoudrons-nous cette
„queftion.“ Ces paroles peuvent-elles
avoir été écrites avec réflexion? Mahomet pourroit-il foûtenir le moindre para-
lelle avec Jéfus-Chrift? Pour en juger, je
me contente d'inviter M. R. à faire fur cet
Impofteur un morceau où il en parle comme il a parlé de Jéfus-Chrift, & à auffi
bon droit. En effayant d'y travailler, il
fe fera à lui-même une réponfe plus efficace que toutes celles qu'on pourroit lui
faire.

paſſent pour des vertus; la volupté &
les plaiſirs des ſens en font toutes les
promeſſes. Enfin Mahomet a prêché
ſa nouvelle Doctrine à la tête d'une
bande de furieux comme lui; il em-
ployoit d'abord les promeſſes, enſuite
il y faiſoit ſuccéder les menaces & les
tourmens. Eſt-ce dans un tel homme qu'il faut chercher quelque reſ-
ſemblance, quelque rivalité avec le
Fondateur de notre Sainte Religion?

Qu'en penſez-vous à préſent de
cette Religion, dont nos Incrédules
modernes affectent de parler avec
tant de mépris, & qu'ils ſe plaiſent à
repréſenter non ſeulement comme
l'ouvrage des hommes, mais même
comme un ouvrage groſſier où la fiction eſt manifeſte, qui ne mérite aucune attention, & qu'il faut abandonner à cette vile populace qui re-
çoit tout aveuglément & avidement?
Oſeroient-ils dire, ces adverſaires ſi
peu meſurés dans leurs expreſſions,

F

qu'aqu'ayant lû & examiné l'Evangile, ils l'ont condamné: & ne peut-on pas leur foutenir avec confiance, que s'ils l'ont lû, ils ne l'ont pas examiné, parce que s'ils l'avoient examiné, ils ne l'auroient pas condamné? Eux qui exigent les plus profondes connoiffances, l'érudition la plus confommée dans le moindre fidele, comment ofent-ils avec des lumieres auffi fuperficielles que le font les leurs, avec une ignorance fouvent craffe, & avec une mauvaife-foi qu'ils daignent à peine déguifer*), entrer en lice avec tout ce qu'il y a jamais eu de perfonnages refpectables par l'étendue de leur favoir & par la folidité de leur jugement? Si ce cœur n'étoit pas

le

---

*) Qu'on life l'Ouvrage de Bentley, intitulé *la Friponnerie Laïque;* on y verra la preuve de ces affertions. Il feroit aifé d'en faire de pareils fur les Ecrits de nos Incrédules Modernes les plus célébres. *L'Ef-faï,* par exemple, *fur l'Hiftoire Générale* eft un tiffu de bévues & de fophifmes.

le principe de ces inconféquences, il y a longtems qu'elles auroient pris fin. Mais malheureufement les paffions vicieufes feront toujours, fi je puis m'exprimer ainfi, ennemies nées de la Religion, & font illufion à ceux qu'elles poffedent, au point de leur perfuader qu'il fuffit de fouhaiter que la Religion n'exifte pas pour venir à bout de réalifer ce fouhait.

Montrons leur encore une fois l'impoffibilité de ce projet en réuniffant tous les caracteres qui rendent cette Doctrine Celefte auffi éclatante pour les yeux de tous ceux dont le Dieu de ce Sicle n'a pas aveuglé l'entendement, que l'Aftre du jour l'eft pour les hommes qui n'ont pas eu le malheur de naître aveugles, ou de le devenir*).

F 2   Quand

*) Je concentre ici les onze Tableaux par lesquels M. Abbadie a terminé fon Traité, Tome II. p. 338. & fuiv.

Quand on confidére d'abord l'amas des témoignages qui ont été rendus à la Religion Chrêtienne, on ne peut que s'en faire une très-haute idée, puifque la Sageffe de Dieu n'auroit pas pris la peine de réunir tous ces témoignages en faveur d'un objet de peu d'importance. Il faut bien que l'établiffement de l'Evangile dans le Monde ait été d'une néceffité décidée & du premier ordre, puisque Dieu a frayé tant de routes pour arriver à ce but, puisque le Ciel & la Terre, le paffé & le préfent, les événemens qui fuivent le cours ordinaire de la Nature, & ceux qui font furnaturels & miraculeux, les Prophêtes enfin & les Apôtres, fans fe connoître les uns les autres, s'accordent à nous faire connoître & admirer la grace falutaire clairement révélée à tous les hommes.

La Religion Chrétienne gagne beaucoup à être mife en oppofition avec toutes les autres. Aucune Religion

ligion n'a les avantages qu'elle poffe-
de, tandis qu'elle eft exempte des
defauts qui font dans toutes les autres Religions. Celles-ci fe font for-
mées peu à peu des imaginations de
diverfes perfonnes qui y ont apporté
des changemens fucceffis. Le Chriftianifme eft tout entier en Jéfus-Chrift,
tout entier dans chaque Evangile,
tout entier dans chaque Epître des
Apôtres. Un filence myftérieux, des
ténébres affectées régnent partout ailleurs. Les Apôtres ne voilent, ne
déguifent rien; & quoiqu'ils fentent
que l'Evangile paroît une folie aux
hommes, chacun d'eux donne fidélement ce qu'il a reçu. Dans le Paganifme la Religion des Philofophes
& celle du Peuple font en contradiction: l'Evangile les réunit: plus éle-
vé que la Philofophie des fages, il ne
laiffe pas d'être à la portée des fimples. Les autre Religions conduifent l'homme de l'efprit aux fens: le
Chriftianifme les ramene des fens à

                    l'efl'esprit. Les autres Religions tendent à abaisser Dieu & à élever l'homme; le Christianisme éleve Dieu & abaisse l'homme, l'humilie & le confond par l'abyme qu'elle lui découvre entre la Divinité & lui. Les autres Religions concilient l'amour du monde avec celui de Dieu; le Christianisme montre l'impossibilité de cet accord, & pose pour principe fondamental qu'il faut ou s'attacher à Dieu en renonçant au monde, ou renoncer à la grace divine en lui préférant les biens temporels. Les autres Religions ont voulu que la Divinité ressemblât à l'homme; le Christianisme veut que l'homme porte l'image de Dieu, qu'il devienne parfait, comme son pere qui est aux Cieux, est parfait. Enfin les autres Religions font des productions monstrueuses des plus polis & des plus habiles d'entre les hommes, au lieu que la Religion Chrétienne est une production admirable des personnes les plus

plus simples & les plus grossieres qui furent jamais.

Les effets de cette Religion font extraordinaires & vrayment divins. Elle rétablit la Société de la nature; car en uniffant fi étroitement les hommes par la charité, elle confirme cet amour naturel que nous appellons humanité. Elle détruit la Société de l'intérêt & celle de l'ambition, parce qu'elle anéantit toutes ces paffions, qui étoient de faux principes d'union & d'intelligence. Elle confirme la Société Civile, nous ordonnant d'obéir à nos Supérieurs, de rendre à Céfar ce qui eft à Céfar, & à Dieu ce qui eft à Dieu. Enfin, au lieu que jusqu'à Jéfus-Chrift on n'avoit vû dans le monde que des fociétés de perfonnes extérieurement unies par le lien des loix Civiles, du Gouvernement, & des dégrés de proximité, mais intérieurement divifés par les paffions; Jéfus-Chrift nous fait voir une fociété de perfonnes extérieure-

F 4 ment

ment divisées par la distance des tems & des lieux, & par la diversité des conditions, mais intérieurement unies par les liens d'une même foi, d'une même espérance, d'une même charité.

Si les effets de la Religion Chrétienne répondent à ses caracteres, sa fin ne répond pas moins parfaitement à ses effets. Il n'y en eut jamais de si desintéressée & de si pure. Tout y tend à mortifier les passions, & à rétablir les principes de droiture que la corruption avoit comme étouffés. Dans quels autres cœurs que dans ceux du Sauveur & de ses disciples monta jamais cette pensée de sanctifier le genre-humain? Qui est-ce qui prit jamais un si vif intérêt à ôter à l'orgueil ses illusions, à l'hypocrisie ses faux dehors, à l'amour propre son injustice, à la chair ses plaisirs illicites, à toutes les passions leur déréglement? Jamais le mensonge & l'imposture n'eurent une telle fin, ni un tel succès.

La

La proportion du Chriſtianiſme avec les beſoins de l'homme n'eſt pas une choſe moins frappante, ni moins intéreſſante. L'Evangile ſeul nous apprend à connoître l'homme & ſes miſeres; ſeul auſſi il nous fournit les remedes qui peuvent le guérir. Il n'y a point d'autres moyens, d'autres reſſources, qu'on puiſſe lui ſubſtituer; ni l'éducation, tantôt bonne, tantôt mauvaiſe, toujours défectueuſe; ni les loix Civiles qui ne s'attachent qu'à régler l'extérieur; ni la Loi en général, qui augmente la malice au lieu de la détruire, étant comme une digue qui fait enfler le torrent; ni les bienſéances humaines qui changent ſelon la diverſité des pays; ni le reſpect qu'on a pour ſoi-même, idée trop métaphyſique pour ne pas céder au ſentiment du plaiſir; ni la raiſon que les paſſions alterent ſi facilement; ni l'exemple des hommes qui menent ordinairement une vie fort déréglée; ni l'honneur du monde qui

n'a

n'a soin que des apparences ; ni la Philosophie, qui n'a point de motifs efficaces, ou qui les prend tous dans notre orgueil. La Religion Chrétienne produit seule une veritable vertu, en ôtant le masque à tous nos vices ; elle fait cesser notre bassesse, en nous la montrant, & notre misere en nous en effranchissant ; elle produit notre grandeur en nous humiliant ; elle se proportionne à tous les états de la vie & ne laisse point de vuide dans notre cœur ; elle nous sanctifie enfin & nous comble par-là d'une satisfaction inaltérable.

Les rapports de cette même Religion avec la gloire de Dieu ne font pas un côté moins honorable pour elle. Elle est une fidele expression des vertus de l'Etre Suprême & de nos devoirs. Elle desabuse l'homme de toutes les fausses idées qu'on avoit conçues de la Divinité ; en nous apprenant que Dieu est invisible, elle nous le fait voir, ne le dérobant aux

sens

fens que pour le montrer à l'efprit. Certainement il faut s'aveugler volontairement foi-même pour ne pas voir que la Religion Chrétienne n'eft qu'un commerce très-pur & très-fpirituel entre les perfections de Dieu qui fe font fentir à l'homme, & les fentimens du cœur de l'homme, qui glorifient les vertus de Dieu. Ni la chair, ni le fang, ni le monde, ni la nature, ni l'éducation, ni le raifonnement, ne font pas des caufes affez élevées pour avoir produit un effet fi grand & fi fublime: on doit remonter à celui qui, ayant parfaitement connu les convenances de toutes chofes, a fû que notre cœur étoit fait pour la gloire de Dieu, & que la gloire de Dieu devoit fe peindre dans notre cœur par la Religion.

Nous avons déjà parlé de la Morale Evangelique; elle a un grand nombre de caracteres remarquables, fur lesquels on ne peut réfléchir fans reconnoître fa divinité. Les Apôtres

tres annoncent des paradoxes plus surprenans que ceux des Stoïciens, mais mieux fondés. Des pêcheurs simples & grossiers dans leur langage, débitent des Maximes aussi élevées au dessus de la portée ordinaire de l'esprit que contraires aux penchans du cœur. L'amour propre a beau se plaindre de cette rigueur; les subterfuges auxquels il voudroit récourir pour éluder les préceptes qui l'incommodent, lui sont interdits. Tous les vices viennent de l'orgueil ou de la sensualite. La Morale de Jésus-Christ détruit celle-ci par les austérités de la repentance, & anéantit l'autre par les idées de la grandeur de Dieu, opposée à notre bassesse. Toutes les vertus, mais des vertus véritables & solides, sortent du principe de l'Amour Divin. Et ce qui mêt le comble à l'excellence de cette Morale, c'est que nous n'avons qu'à en suivre fidélement les regles pour arriver au parfait bonheur. Enfin,

pour

pour nous montrer que ce n'étoit pas là de simples spéculations, la sagesse divine a voulu que le plan en exiſtât non-feulement dans les Livres du N. Teſtament, mais que le patron s'en offrit premiérement & parfaitement dans la vie du Sauveur, & en ſuite dans la pratique des premiers Fideles. Cet état, il eſt vrai, n'a pu ſubſiſter toujours dans l'Egliſe; mais la ſageſſe de Dieu a permis qu'il y durât quelque tems, pour nous laiſſer entrevoir une image du Ciel ſur la Terre, & pour confirmer par la beauté de cet exemple une Morale qui étoit déjà ſoutenue par de ſi puiſſans motifs.

En vain veut-on faire des Myſteres une objection; ils fourniſſent tout au contraire une preuve qui va de pair avec les autres. Ils ont un côté obſcur; mais ils ont auſſi un côté lumineux; & quand on s'arréte à celui-ci, on trouve que ces Myſteres ſont grands, conformes à la nature

des

des chofes dignes de Dieu, & très-étroitement liés avec les notions les plus faines de notre efprit & les fentimens les plus inaltérables de notre cœur *). Ce ne font point ici ces fables & ces réveries des Poëtes, que le cœur des hommes recevoit avec avidité, tandis que la raifon les condamnoit. La création du Ciel & de la Terre par un Dieu tout-puiffant, la rédemption du genre-humain par le miniftre d'un Médiateur, le Sacrifice expiatoire de Jéfus-Chrift, la rémiffion des péchés, la Réfurrection des morts, la vie éternelle, font des objets également majeftueux & raifonnables. Leur perte entraîne néceffairement celle de nos plus pures connoiffances, & détruiroit même toutes les idées que nous nous formons, de l'Etre Suprême; de fa fageffe, de

fa

---

*) Lifez les *Mœurs des premiers Chrétiens* par M. *Fleury*, & l'Ouvrage du docte *Cave* fur le même fujet.

fa bonté, de fa juftice. Les difficultés qui accompagnent les Myfteres, font à peu près, à l'égard de notre efprit, le même effet que les afflictions font à l'égard de notre cœur; elles le foûmettent, elles le domptent. Mais il faut bien diftinguer les difficultés qui viennent immédiatement de Dieu d'avec celles qui fortent du cœur & de l'efprit des hommes. Les fens, l'éducation, la curiofité, la fuperftition, la Philofophie, la Politique, l'éloquence, font autant d'inftrumens dont nos paffions fe fervent pour anéantir la foumiffion que notre foi doit à Dieu, autant de moyens de fecouer le joug divin. Les fpeculations qui viennent de tous ces principes, tendent à affoiblir notre Foi, de même que les maximes des Cafuiftes relâchés vont à anéantir la Morale, parce qu'il n'eft pas moins dur à l'efprit de croire, qu'au cœur de fe mortifier. Cependant cette foumiffion eft naturelle, néceffaire, raifonnable,

légi-

légitime. On ne s'y souftrait que pour fe jetter dans de vrayes abfurdi-tés, dans des contradictions réelles.

La diverfité des Opinions & des Syftêmes, les Sectes & les Hérefies ne doivent point non plus nous inquiéter. Si les Chrétiens s'entendoient, s'ils vouloient bien faire ce fage difcernement de la Philofophie & de la Théologie qu'on leur a fi fouvent propofé, s'arrêtant dans les bornes de la Révélation qui nous inftruit de la chofe, & rejettant en matiere de Religion la Philofophie qui en recherche la maniere, on verroit bientôt difparoître les contrariétés apparentes, & toutes chofes ramenées à l'unité & à la fimplicité de la Religion Apoftolique.

La convenance de la Religion Chrétiénne avec la Religion Judaïque, mét fin à tous les doutes que l'imperfection de celle-ci auroit pu faire naître. Les ufages de tout ce qui eft

con-

contenu dans l'Ecriture du V. Testament peuvent être réduits à trois, & à préparer la venue du Messie, & à représenter son ministere & son œconomie comme dans un tableau anticipé. 3. à le caractériser de telle sorte qu'il fût impossible aux ames fideles de le méconnoître lorsqu'il seroit venu. Celui qui considérera l'Ecriture ancienne dans ces trois vues, n'y trouvera rien qui embarrasse sa Foi, & qui en lui découvrant les desseins de Dieu, & le grand plan de la Religion, n'ajoûte de nouvelles lumieres à celles qu'il a déjà. Toute la nouvelle Oeconomie est représentée dans l'ancienne. Le Legislateur, le Peuple, l'Alliance, le Médiateur, le service & la condition des Fideles, se voient dans les Livres de Moyse & des Prophêtes, comme dans un grand & magnifique Tableau, tracé des mains de Dieu même & exposé aux yeux de tous les siecles.

G				En-

Enfin la Religion Chrétienne n'eſt que le renouvellement & le rétabliſſement de la Religion naturelle conduite à ſa perfection. Cette ſainte Doctrine extirpe la corruption qui avoit altéré la nature; elle détruit le Paganiſme qui avoit horriblement défiguré l'idée & le culte de la Divinité; elle retrace les principes de droiture & d'équité que Dieu avoit mis dans notre cœur; elle fait naître la plus parfaite de toutes les unions qui eſt celle de l'Amour & de la Charité; elle poſe pour fondemens inébranlables les vertus les plus ſolides, l'humilité, la tempérance, la ſageſſe; elle propoſe des motifs qui peuvent ſeuls balancer la force des objets ſenſibles; en un mot elle nous mêt ſeule en état de répondre à notre véritable déſtination.

Après toutes ces conſidérations, le Chrétien bien loin de ſe plaindre des obſcurités au milieu desquelles il eſt obligé de marcher, doit plutôt reconconnoître que la lumiere la plus pure & la plus falutaire, l'environne de toutes parts, lumiere des fens, lumiere de la raifon, lumiere des prophéties, lumiere des miracles, lumiere de connoiffance & d'efprit, lumiere de fentiment & de cœur, lumiere fur tout de cette Sainteté, qui eft l'attribut par excellence de l'Etre Suprême devant le Trône duquel les Intelligences Céleftes font retentir continuellement cet hymne, *Saint, Saint, Saint eft l'Eternel des Armées.* Ne devons-nous donc pas dire que c'eft ici l'Oeuvre de Dieu, & prier celui qui nous a fait la grace de connoître fa fainte Religion, de la graver profondément dans nos cœurs pour fa gloire & pour notre falut & de la défendre contre les fauffes fubtilités de fes ennemis?

Y a-t-il de la fageffe, quand on s'eft une fois bien convaincu de l'excellence du Chriftianifme, en le confidérant fous toutes les faces qui ont

G 2 été

été indiquées jusqu'ici? Y a-t-il de la sagesse à courir après les objections, à les multiplier avec complaisance, à les grossir avec soin, & sur tout à ne trouver point de plus douce occupation que celles de les répandre, & de les faire parvenir autant qu'il est possible, à la connoissance de tous les hommes? Quand la Religion auroit des défauts, seroit-ce le plus jeune des fils de Noé, qu'il faudroit imiter dans la conduite qu'ils tinrent envers leur père? Mais ces défauts prétendus ne viennent que de suppositions adoptées gratuitement, & exagérées ensuite, comme si elles étoient également réelles & accablantes. Je n'en indiquerai que deux, qui font les principes d'égarement les plus ordinaires de nos Incrédules modernes *).

La

-*) Ce sont manifestement ceux de l'Auteur d'Emile. Dès qu'on les lui aura enlevés, tous ses traits s'amortiront.

La premiere, c'eſt qu'il faut une foi aveugle dans la Religion, que l'examen y eſt dangereux, ou même interdit, & qu'on ne ſe ſauve qu'en admettant tout ce qui eſt enſeigné par ceux qui ont charge de nous inſtruire. „Le Dieu que j'adore, s'é„crie-t-on, n'eſt point un Dieu de „ténébres; il ne m'a point doué d'un „entendement pour m'en interdire „l'uſage; me dire de ſoumettre ma „raiſon, c'eſt outrager ſon Auteur. „Le Miniſtre de la vérité ne tirannise „point ma raiſon; il l'éclaire.“ A qui s'adreſſent ces plaintes? Sur quoi ſont-elles fondées? Dieu n'a-t-il pas pris, ſi je puis ainſi dire, toutes les précautions néceſſaires pour les prévenir? L'Evangile contient-il quelque Précepte qui les autoriſe? Ceux qui ont annoncé cet Evangile dans ſon origine & qui l'annoncent encore aujourd'hui dans ſa pureté, n'inſiſtent-ils pas continuellement & fortement ſur la néceſſité de l'examen?

G 3

Que

Que vouloit dire St. Paul lorsqu'il exhortoit les Theſſaloniciens, *d'éprouver toutes choſes, & de retenir ce qui eſt bon*, & lorsqu'il écrivoit aux Corinthiens *de juger eux-mêmes de ce qu'il diſoit?* Pourquoi S. Jean s'exprimoit-il ainſi: *Mes bien aimés, ne croyez pas à tout eſprit, mais éprouvez les eſprits, s'ils ſont de Dieu; car pluſieurs faux Prophêtes ſont venus au monde.* Certainement s'ils n'étoit pas permis aux particuliers de juger des choſes contenues dans l'Ecriture, St. Paul n'auroit pas permis aux Galates de l'anathématiſer, & d'anathématiſer un Ange même, ſi ou lui, ou un Ange leur annonçoit un autre Evangile; & St. Luc n'auroit pas loué ceux de Bérée, de ce qu'après avoir entendu St. Paul & Silas, ils conféroient les Ecritures. Si les Juifs & les Payens n'avoient pas examiné ce que les Apôtres leur enſeignoient, & qu'ils s'en fuſſent tenus aux déciſions de leurs Docteurs, ils n'auroient jamais embraſſé

braſſé le Chriſtianiſme. Ainſi c'eſt la voye de l'examen qui a établi cette Religion parmi les Juifs & les Payens. N'eſt-ce donc pas une injuſtice crian-te que de faire d'un Dogme particulier à une Communion Chrétienne, d'un Dogme inſoutenable, qui a été vray-ment anéanti par les raiſonnemens des défenſeurs de l'examen, de fai-re, dis-je, de ce Dogme, une ob-jection triomphante contre le Chriſ-tianiſme?

La ſeconde ſuppoſition que nous avons en vue, n'eſt pas moins deſti-tuée de fondement; c'eſt que Dieu imputera aux hommes la privation de connoiſſances qu'ils n'ont pu avoir, qu'il les punira de n'avoir pas cru à l'Evangile, lorſqu'il ne leur a pas été annoncé, qu'il moiſſonnera où il n'au-ra point ſemé & portera ainſi atteinte aux notions les plus évidentes de l'é-quité. ,, Votre Dieu n'eſt pas le nô-,, tre, s'écrie de nouveau celui qui ,, hait la Religion, parce qu'il ne la

G 4

con-

„connoît pas, si tant est que ce ne
„soit pas parce qu’il ne veut pas la
„connoître. Celui qui commence
„par se choisir un seul peuple, &
„proscrire le reste du genre humain,
„n’est pas le pere commun de tous
„les hommes; celui qui destine au
„supplice éternel le plus grand nom-
„bre de ses Créatures, n’est pas le
„Dieu clément & bon que ma raison
„m’a montré.“ A qui est-ce donc
que Dieu a révélé ces affreux secrets?
Est-ce lorsqu’il a déclaré à Israel, que
sa perte venoit de lui-même, ou lorsqu’il
a protesté, qu’il *ne vouloit point la
mort du pécheur, mais sa conversion & sa
vie?* S’il a dispensé ses graces libre-
ment, a-t-il dit qu’il vouloit lancer
les carreaux de sa foudre sur tous
ceux qui ne sont pas à portée de pui-
ser dans les trésors de sa miséricorde?
Ici encore faut-il confondre les systê-
mes, les explications de quelques
Théologiens avec l’Evangile même,
qui ne nous parle point d’élection &
de

de réprobation, de décrets & d'ordre de décrets, dans le sens que ces Théologiens y attachent? Chaque Chrétien appellé à faire son salut, à y travailler avec crainte & tremblement, ne doit-il pas se remettre à Dieu de la décision de celui des autres, se reposer pleinement sur des perfections dont il a donné tant de preuves éclatantes; & s'il reste encore quelques difficultés, s'arrêter sur le bord de l'abyme, en disant: *O profondeurs!*

Que resteroit-il après cela à l'Incrédule pour sa défense? Faisons-le parler un moment, & tâchons de ne lui rien faire dire qu'il ait droit de désavouer.

Le Chrétien *).

Seroit-il possible que vous persistiez inébranlablement à méconnoître une évidence aussi complette que celle qui résulte de tout ce que vous

G 5

venez

*) J'entens le Chrétien de nom & d'effet, qui joint aux connoissances solides des vertus pures.

venez d'entendre? N'auriez-vous point même une salutaire honte d'avoir si longtems combattu une Doctrine revêtue de tous ces caracteres?

L'Incrédule *).

Je conviens que je n'étois pas encore entré dans d'auffi grands détails, & qu'ils font propres à m'infpirer du moins un Scepticifme qui m'empêche de décider dans un cas où le pour & le contre forment une efpece d'équilibre.

Le Chrêtien.

Qu'appellerez-vous donc des cas décidés, fi celui de la Religion ne l'eft pas? Etes-vous auffi rigoureux, exigez-vous autant de preuves & de motifs, lorsqu'il s'agit d'ajoûter foi à des narrations humaines ou de vous déterminer dans les entreprifes de la vie?

L'In-

*) J'entens l'Incrédule, qui fe plait dans fon état, & plus particulierement encore, celui qui dogmatife.

L' Incrédule.

Je conviens que La Religion Chrétienne, telle qu'on la repréfente dans les Ouvrages qui en parlent, a des beautés & des avantages, qui la rendent préférable aux autres Religions, & qui font plus avantageufes au genre humain que les maximes de l'Incrédulité. Mais par malheur cette Religion n'exifte que dans la théorie: on cherche en vain le pays des Chrétiens: il eft dans le cas de l'Utopie.

Le Chrétien.

Quand ce pays n'exifteroit pas, la vérité n'en feroit pas moins la vérité, & la vertu la vertu. Mais, s'il n'y a point de Contrée affez heureufe pour être uniquement habitée par de vrais Chrétiens, ne fuffit-il pas qu'il y en ait un certain nombre dans les divers lieux où cette Religion eft profeffée? Ne font-ils pas la preuve vivante des fruits précieux de la Doctrine Evangélique? Leur conduite, leur exemple, ne

tour-

tourne-t-il pas au bien de ceux qui en font les témoins? N'est-ce pas le sel qui préserve quantité de Sociétés d'une entiere corruption? N'est-il pas beau de vivre de leur vie, & de mourir de leur mort?

L'Incrédule.

J'aimerois sans doute mieux passer mes jours avec des gens qui auroient ces principes, & qui les suivroient fidélement qu'avec ceux qui n'ont aucuns principes. Mais je ne vois réellement pas ce qu'on gagne à vivre dans une Société Chrétienne. On y est exposé à la violence & à la malignité des passions les plus pernicieuses. Les Chrétiens se haïssent, se déchirent: ils sont orgueilleux, mondains, voluptueux, & leur Religion ne sert qu'à en faire des hypocrites & des persécuteurs.

Le Chrétien.

Tout cela est plutôt dit que prouvé. Je n'ai point dissimulé que les Sociétés Chrétiennes ne sont pas à beau-

coup

coup près telles qu'elles devroient être; mais s'il y a du mal, si plusieurs vices y marchent presque la tête levée, comptez qu'il y en auroit bien davantage, en détruisant la Religion, & qu'elle sert encore de frein à bien des excès. Un petit nombre de bonnes ames suffit pour empêcher le torrent du débordement de rompre toutes les digues. Les Loix qui maintiennent le Christianisme, préservent les hommes de tous les vices que cette Religion proscrit, ou ne leur permettent pas de les afficher aussi impudemment qu'ils le feroient sans cela. Oter l'Evangile, ce seroit véritablement mettre la lumiere sous le boisseau, & replonger les hommes dans ces ténebres qu'ils aiment beaucoup, parce qu'elles favorisent leurs mauvaises œuvres. La preuve de fait s'en trouve dans tous les Etats Chrétiens, où la Religion n'est pas aussi respectée qu'elle devroit l'être; la licence des mœurs y fait des progrès continuels & rapides. *L'In-*

L' Incrédule.

Mais pourquoi la Religion semble-
t-elle dépendre de son crédit, à me-
sure que le monde s'éclaire? Cela ne
donne - *t* - il pas lieu de croire qu'elle
tend à une décadence totale?

Le Chrétien.

Vous vous trompez beaucoup, &
vous envisagez les choses sous le point
de vue le plus illusoire. La Religion,
il est vrai, n'a jamais été plus fortement attaquée, que depuis que les
connoissanses humaines ont acquis
une plus grande perfection; mais
n'oubliez pas d'ajoûter qu'elle n'a jamais été plus fortement défendue, &
qu'il n'y a point de comparaison à
faire entre les Ecrits qui ont paru pour
elle, & ceux qui existent contre elle.
Si les attaques se font multipliées, c'est
que les hommes, généralement par-
lant, font plus mauvais que bons, &
que dès qu'ils acquièrent quelque ta-
lent, quelque industrie, ils font plus
empressés à en tirer de mauvais usages
que

que de bons. D'ailleurs le rafinement, la politeſſe, le ſavoir, la Philoſophie du ſiecle, n'ont ſervi qu'à attiſer les paſſions, à irriter les déſirs, à établir le regne de la mondanité. Dès lors la Religion devient plus incommode, & l'on redouble ſes efforts pour s'en dé-barraſſer. Mais ce n'eſt point là l'ef-fet des progrès de la raiſon, & d'une ſaine Philoſophie. Voyez, je vous prie, quel eſt le caractere moral de preſque tous les Coryphées modernes de l'In-crédulité, ſans parler de ceux dont la vie eſt un tiſſu de flétriſſures, les au-tres ſont presque tous des gens domi-nés par l'orgueil, par l'envie de ſe diſ-tinguer à quelque titre que ce ſoit, par un eſprit d'impatience, d'inquiétude, d'aigreur & de révolte contre tout genre d'autorité; des hommes qui ſoutiennent les paradoxes les plus ab-ſurdes, tandis qu'ils nient les vérités les plus manifeſtes; de véritables en-nemis de la tranquilité publique, qui, pourvû qu'ils mettent tout en fermen-

tation

tation & en combuſtion, ne reſpectent, ni les devoirs les plus importants, ni les liens les plus ſacrés. Sont-ce donc là les guides qu'il faut choiſir pour penſer & agir raiſonnablement, pour vivre ſagement & heureuſement? Un Prince ſenſé ne confieroit pas le maniement des moindres affaires à des perſonnes de ce caractere. Et elles veulent ſe rendre l'arbitre des Sociétés & du ſort de tous les mortels?

L'Incrédule.

Je ne diſconviens pas de la plûpart de ces défauts; mais je crois que je ne gagnerois pas grand'choſe en me ſoûmettant à l'orgueil & à la tyrannie des Eccléſiaſtiques.

Le Chrétien.

Vous vous jettez avec plaiſir dans le lieu commun favori de votre Secte. On croit avoir tout dit, tout prouvé, quand on a déclamé contre le Clergé, & qu'on l'a dépeint des plus noires couleurs. Il n'eſt pas ſurprenant que les Ennemis de la Religion in-

insistent là-dessus, puisque les Laïques mêmes des Sociétés Chrétiennes croyent faire la plus belle œuvre du monde, quand ils donnent un coup de griffe ou de dent à leurs Conducteurs Spirituels *). Les fautes de ceux-ci sont des sujets de joye pour eux ; leurs chûtes, des triomphes. Que signifie cela, sinon qu'on n'aime pas la Religion, & qu'on s'en prend à ceux qui la prêchent? Distinguons d'abord les tems & les lieux. Le Clergé a profité de circonstances trop favorables pour lui ; il a envahi autrefois l'autorité & tous les avantages temporels ; il en a abusé. Cela n'est pas merveilleux : les Ecclésiastiques sont des hommes : & ce qu'ils ont fait, quand ils l'ont pu,

*) C'est ce que j'obfervois, il n'y a pas long-tems, à l'occasion de la derniere révolution de Ruffie. *Voyez, voyez le Clergé*, difoient des gens qui n'avoient pas la moindre idée de la véritable maniere dont les chofes se font passées, mais qui saififfoient avec avidité cette circonstance, pour dégorger des propos qui bouillonent sans ceffe au dedans d'eux.

H

pu, les Laïques le font fouvent, parce qu'ils le peuvent. Les chofes ont
bien changé: elles ont même paffé à
l'extrémité oppofée dans la Communion Proteftante*). Il ne faut plus
parler de faits dont à peine il exifte
le moindre veftige. Pour faire difparoître cependant toute ombre de par-
tialité, je conviendrai encore que le
gros des Eccléfiaftiques eft fujet à tirer trop de vanité des foibles avantages qui lui reftent, à s'enorgueillir
ridiculement des moindres fuccès
d'une Eloquence qui n'eft deftinée
qu'à convertir, à fauver celui qui parle

*) „J'avoue qu'on peut avoir trop abaiffé le
„Miniftere de la Religion. On l'a rendu dé-
„pendant, & par-là timide. On a d'ailleurs
„mal pourvû à la fubfiftance de ceux qui l'ex-
„ercent, & en général on les a trop char-
„gés pour être en état de bien l'exercer. Mais
„à Dieu ne plaife que je regrette qu'on leur
„ait ôté des Jurisdictions féculieres, des
„Principautés temporelles, tout ce qui peut
„nourrir le luxe, la volupté, & fervir d'ap-
„pas aux méchans pour s'intrûre dans le Mi-
„niftere Sacré. M. de Beaufobre, dans le
„XLII. Sermon fur S. Jean. XI. p. 347. & 348.

le & ceux qui écoutent; qu'il montre un esprit de domination, caché comme le feu sous la cendre, qui ne cherche qu'à éclater, toujours prêt à se prévaloir puérilement de tout ce qui peut donner quelque relief. Mais encore une fois ces défauts sont ceux de l'humanité; ils se trouvent dans tous les états, dans toutes les professions. Il s'agit seulement de savoir si ce sont ici les défauts inhérans & indélébiles de tous les individus, s'il n'y a point d'Ecclésiastique sage & sensé, pieux & humble, qui serve Dieu dans la pureté de sa conscience & dans l'intégrité de son cœur, qui ne se propose d'autre but dans l'exercice de son Ministere que de pouvoir dire un jour à Dieu: *Me voici, Seigneur, & les enfans que tu m'avois donnés.* Assurément il en a existé, il en existe encore de semblables, qui font un véritable trésor pour les Troupeaux qui ont le bonheur de les posséder. Que les Incrédules s'adressent à eux, qu'ils

H 2

pui-

puifent les idées de la Religion chez
eux, qu'ils leur demandent des con-
feils & des directions ; ils verront fi le
Clergé mérite la réprobation générale
fous laquelle ils voudroient le renfer-
mer, & s'il eft une caufe fuffifante de
s'éloigner de la Religion & de la haïr.
Seulement, comme Dieu n'a voulu ni
dû faire exercer le Miniftere par des
Anges, il ne faut jamais oublier que
lesPafteurs font des hommes, que comme tels ils font expofés à toutes les
foibleffes de l'humanité, & même que
chargés de plus de fonctions, expofés
à plus de dangers que les autres, ils
peuvent fe relâcher, chanceler, tomber.
Tout cela dans le fond ne fait rien à la
Religion, aux preuves de fa vérité & de
fa Divinité, aux caracteres qui doivent la rendre refpectable & aimable.

L'Incrédule.

Quand je me rendrois à toutes ces
réflexions, il y aura toujours une pierre d'achopement impoffible à lever,
une caufe qui nous rebutera, nous

aigri-

aigrira, nous endurcira même, si vous
le voulez; c'est la dureté, la rigueur,
l'intolérance, les persécutions. Chan-
gez de système & de conduite à notre égard, peut-être qu'à la fin vous
nous ramenerez.

Le Chrétien.

Ah! bon Dieu! est-il possible que
cette plainte sorte de votre bouche, &
que vous osiez vous croire fondé à la
faire? Si l'intolérance a fait commet-
tre des cruautés qui ont désolé & des-
honoré l'Eglise, si elle siége encore
aujourd'hui à côté des Inquisiteurs,
pouvez-vous dire que vous en soyez
les objets, & qu'on vous prive du
moindre de vos droits dans les Etats
où vous vous signalez aujourd'hui par
des attentats qui avoient été jusqu'a-
lors inouis! Ah! je crains bien plutôt qu'on n'ait trop longtems connivé
à vos pernicieux desseins, & à vos au-
dacieux efforts? C'est ce qui a enfin
ouvert les bondes de ce déluge d'impiétés & de blasphêmes dont nous
sommes inondés. Quand vous criez

H 3   à la

à la tolérance, penfez, je vous en con-
jure, à ce que vous faites & à ce qu'on
vous fait. Vous venez infulter de gaye-
té de cœur des gens qui profeffent
tranquillement une Doctrine, qui ne
vous a jamais caufé, & ne peut vous
caufer aucun mal, une Doctrine pré-
cieufe à jufte titre à ceux qui s'y con-
forment, parce qu'elle eft pour eux la
fource féconde d'une foule d'avantages temporels & fpirituels. Vous les
agacez, vous les tiraillez, vous les pro-
voquez par toutes fortes de voyes.
Vous rempliffez vos Ecrits de hauteurs
arrogantes & d'ironies cruelles contre
ceux qui ont la ftupidité, felon vous,
d'être religieux. Vous défobéiffez à
toutes les Loix Divines & Humaines,
qui vous prefcrivent des égards que
vous accorderiez certainement aux
inftitutions les plus arbitraires en d'autres genres. Dans tout autre cas de
pareilles défobéiffances font punies
fans rémiffion ; pourquoi voulez-vous
qu'elles foient privilégiées dans le cas
le plus intéreffant de tous pour le bien
public

public & particulier ? Cependant, lorsque vous faites toutes ces chofes, que
vous fait-on ? On vous prie de garder
le filence ; on vous l'ordonne, foit ;
mais n'eft-on pas en droit de vous l'or-
donner, & vous en coûteroit-il beaucoup de vous conformer à cet ordre ?
Des transgreffions réitérées vous atti-
rent quelques peines ; mais avec quels
ménagemens ne les difpenfe-t-on pas ?
Combien ne vous donne-t-on pas de
tems & de moyens, non feulement
pour faire des rétractions, (votre orgueil & votre infléxibilité ne le permettent pas,) mais pour pallier les plus
mauvaifes caufes, pour adoucir les affaires les plus fâcheufes ? Quels font
les fruits de cette douceur ! Elle fem-
ble vous envenimer, redoubler votre
acharnement, vous rendre furieux &
défefpérés. Vous vous armez du poignard le plus acéré, & vous vous ef-
forcez de mettre en pieces tout Droit
Divin & Humain. Vous vivez cependant, ennemis de Dieu & des hommes,
vous vivez ; vous jouïffez, pour la

plûpart, du repos au milieu de ces Sociétés dont vous êtes les perturba-
teurs ; on en voit parmi vous qui ache-
vent dans l'opulence & dans les déli-
ces une carriere dont la fin est plutôt
djabolique qu'humaine. Et c'est vous
qui vous exhalez en plaintes & en re-
proches, souvent même en injures &
en menaces. C'est vous, chose étrange,
qui êtes les vrais intolérans, qui dé-
testez la Religion & ceux qui y croyent,
qui voudriez employer contre elle le
sceptre & le glaive, & qui expireriez
contens sur les débris. Etoit-il réser-
vé à notre Siécle de voir un pareil bou-
leversement, des horreurs dont l'idée
seule fait frémir ? On fait des éditions
multipliées d'Ouvrages, où Dieu est
hautement & impunément outragé ;
& leurs Auteurs s'irritent contre la
moindre apparence de Réponse, & de
Réfutation. Est-ce donc là votre E-
vangile, & croyez-vous que nous fe-
rions bien d'abandonner le nôtre pour
y adhérer ?

DE-

DÉFENSE

DE

LA LEGISLATION

OPPOSÉE

A LA DOCTRINE

DU

CONTRACT SOCIAL.

Si l'homme venoit au monde en âge de force & de raison, maître de sa destinée, muni de tous les secours qui peuvent lui faire choisir & fixer son domicile où il lui plairoit, on pourroit lui donner des principes de conduite différens de ceux auxquels il est obligé de se conformer dans l'état ordinaire & actuel où il se trouve placé. Mais l'intention de la Providence est manifestement, que semblable à une plante qui se plaît

dans

dans le terroir où elle est née, y jette ses racines, & y prend son accroisse-ment, l'homme s'accoûtume de bonne heure au lieu de son origine, respecte les divers liens qui l'attachent & le subordonnent à ceux avec qu'il vit, & s'occupe à prendre les arrange-mens les plus propres à lui faire couler des jours aussi doux que le permettent les circonstances. Aussi voit-on qu'en général les Contrées les plus disgracieuses, soit du côté du climat, soit de celui du Gouvernement, ne laissent pas d'avoir des charmes pour ceux qui y sont nés, & y ont été éle-vés. Seroit-il plus expédient que chaque individu du genre humain, à l'entrée de sa carriere, parcourût le Monde entier pour comparer tous les lieux & tous les usages, afin de finir cette revue par un choix fait avec connoissance de cause? Outre qu'il n'y a qu'un très-petit nombre de per-sonnes qui aient les moyens requis pour de pareilles courses, cela n'a-

bouti-

boutiroit qu'à faire des hommes in-
quiets, remuans, indécis, qui porte-
roient par-tout des étincelles de mé-
contentement & de division.   Que
de jeunes hommes voyagent, à la bonne heure, quoiqu'il y ait beaucoup
de pour & de contre dans l'utilité de
ces voyages.   Mais le principal but
de ces courfes doit être de rapporter
chez foi un efprit fenfé, efprit dont
le premier & le plus fûr caractere,
c'eft d'être affectionné à fa Patrie, &
de confacrer à fon avantage, tout ce
qu'on a de connoiffances, d'induftrie,
& de biens.   Je n'interdis pas la liberté de changer de pays à des perfonnes qui fe trouvent dans certaines
circonftances particulieres, affez ra-
res & qui ne peuvent jamais convenir
au gros des Citoyens. Les Savans,
par exemple, fe tranfplantent pour
profiter des lumieres dont d'autres ré-
gions font plus vivement éclairées que
la leur, & de la protection diftinguée
que des Souverains accordent aux
Scien-

Sciences. Un particulier qui aura
fait quelque grande fortune dans le
Négoce, ou par voye d'héritage,
choifira pour en jouir un féjour plus
agréable ou qui lui plaît davantage
que fon domicile actuel. Mais hors
de ces cas, & d'un fort petit nombre
d'autres, chaque Citoyen n'a rien de
mieux à faire que d'être bon Citoyen;
& pour cet effet il faut qu'il aime fa
Patrie, & qu'il s'y faffe aimer. Ce
ne feront pas des difcuffions abftrai-
tes fur l'origine des Sociétés, ou des
recherches inquiétes fur les défauts
des Gouvernemens en général & de
celui de fon pays en particulier, qui
le mettront dans ces difpofitions aux-
quelles tiennent le repos public & le
fien. Ceux qui étudient, & qui font
fpécialement de ces matieres l'objet
de leurs études, peuvent s'y enfoncer jufqu'à un certain point; mais,
s'ils ont l'efprit jufte, ils verront bientôt que les principes originaires de la
Société font à peu près auffi cachés
que

que ceux des corps, les élémens dont la matiere eſt compoſée. Ils verront ſur tout que, comme l'explication des phénomenes ſenſibles ne ſauroit être déduite de la nature des élémens, de même on ne ſauroit ſe frayer une route qui ramene les diverſes formes & les modifications de toutes les Sociétés actuelles au Contract primitif, à l'époque de leur fondation. L'état de Nature eſt une chimere; il n'a jamais exiſté, & il ſeroit encore plus chimérique de vouloir l'introduire aujourd'hui, comme un moyen de refonte.

Si l'on veut donc partir de quelques points fixes, qui ſervent à débrouiller nos idées ſur ce ſujet, & ſur tout à régler notre conduite, voici comment l'on peut enviſager la choſe.

L'état de Société eſt indiſpenſablement néceſſaire à l'homme. Toutes les fictions d'hommes iſolés & ſe ſuffiſant à eux-mémes, peuvent s'arranger dans le cerveau, & devenir des Syſté-

Syſtêmes; mais elles ne ſe réaliſeront jamais. Le malheur ſera toujours en raiſon des privations qu'éprouve un homme hors de la portée des avantages de la Société. Les Sauvages eux-mêmes, bien loin de former une Objection, ſe tournent en Preuve.

1. Parce qu'ils ont entr'eux une Société imparfaite, qui diminue les miſeres de leur état; & enſuite, parce qu'ils menent cependant une vie très-déplorable aux yeux de tout homme ſenſé.

2. Le berceau des Sociétés ſe confond avec celui du monde. On ne ſauroit donc en appeller à des conventions primitives, qui n'ont jamais été que tacites. Soit que les premiers Chefs aient employé la force ou la perſuaſion, quelle qu'ait été la meſure du conſentement des Sujets, l'étendue des reſtrictions qu'ils ont ſtipulées, tout cela eſt enſéveli à notre égard dans un abyme impénétrable; & quand on parviendroit à l'en tirer,

tout

tout cela ne nous ferviroit de rien.
Nous fommes ce que nous fommes,
& non ce que nous avons été. Il y a
quelques différences dans la condition
des Sujets, fuivant les Etats auxquels
ils appartiennent; mais il feroit très-
fâcheux, & pour eux & pour ces E-
tats, qu'ils fuffent toujours livrés aux
comparaifons, aux calculs, & fur tout
qu'ils prétendiffent avoir un droit rigoureux de faire rectifier tout ce qui
leur paroît abufif & injufte.

3. Le grand fondement de la tranquilité publique, qui eft le premier de
tous les biens temporels, c'eft que les
Sujets aient de la confiance en ceux
qui les gouvernent, & qu'ils refpectent
leurs volontés, lors même qu'ils n'en
fentent pas l'utilité, ou qu'ils croyent
y découvrir des indices du contraire.
La Religion Chrétienne eft bien raifonnable & devroit être bien chere
aux Princes par cet endroit. Elle veut
qu'on obéiffe à toutes les Puiffances
fupérieures, & qu'on fe foumette aux
Maî-

Maîtres temporels, lors même qu'ils font fâcheux. C'eſt la voix de la Raiſon, auſſi bien que celle de la Religion. De toutes les maladies d'un Etat, la plus dangereuſe ſeroit celle qui inſpireroit aux particuliers le déſir d'appeller des Médecins au ſecours.

4. Il y a eu ſans doute des Monſtres ſur le Trône; & dans les Gouvernemens qui ne ſont pas Monarchiques, la tyrannie à quelquefois pris le deſſus. Mais ce ſont des inconvéniens attachés aux choſes humaines, des maux qu'on ne pourroit prévenir, ou extirper que par d'autres maux plus grands encore. Ceux qui dans de pareils cas ont recours aux attentats, imitent le Suicide; c'eſt tuer l'Etat, pour le guérir, que d'y mettre le poignard dans la main des aſſaſſins. Les Tyrans font ſouffrir une partie de leurs Sujets, ordinairement la moindre; ils en font même périr quelques-uns: mais enſuite ils périſſent eux mêmes, & les choſes reprennent leur aſſiette naturelle.

relle. Au lieu qu'en jettant tout d'un coup l'Etat dans l'Anarchie, il y resteroit peut-être longtems plongé, & accablé de tous les maux que la licence des Particuliers, bien plus redoutable que celle des Princes, entraîne à sa suite.

5. Il existe, à la vérité, des Etats qui ont l'avantage de posséder des préservatifs ou des remedes contre les excès de la Puissance Souveraine. Une Convention avec le Prince, qui a toute l'authenticité requise & qui subsiste dans toute sa force, met la Nation, ou ses Représentans, en droit d'arrêter le Prince, lorsqu'il veut franchir l'enceinte des barrieres, qu'on lui a prescrites; & tout ce qui se passe dans ces occasions, est censé légitime, lorsqu'en effet il est conforme à la teneur des Loix fondamentales. Les Etats qui sont ainsi réglés, passent pour les plus parfaits; cependant l'usage même de leurs droits est une chose délicate, dangereuse & sujette à bien des inconvéniens. L'Arrêt qui

fit

fit porter à Charles I. fa tête fur un échafaut, étoit-il jufte? Les Anglois, au lieu d'arriver par ce moyen à leur but, ne fe trouverent-ils pas efclaves de Cromwel qui, s'il avoit vécu plus long-tems, ou s'il avoit laiffé un fils qui lui reffemblât, les auroit pleine- ment affervis? Les Provinces-Unies & les XIII. Cantons ont revendiqué les Droits de leur Liberté & de leur Confcience avec un fuccès dont on ne fauroit contefter la légitimité. Mais d'un côté il n'eft peut-être pas aifé de bien déterminer où commence pré- cifément l'exercice de femblables Droits; & de l'autre, il n'y a point de comparaifon à faire entre les extrémi- tés où ces Etats fe trouverent réduits, & les abus, ou inconvéniens particu- liers de quelques Gouvernemens, tels que feroient de trop grands impôts, des enrôlemens forcés, &c. Encore une fois il y a des gens à plaindre dans de pareils cas; mais l'Etat feroit infini- ment plus à plaindre, fi les plaignans fe transformoient auffi-tôt en rebelles.

6. Quand

6. Quand donc il y auroit dans les motifs de la soumission des Sujets quelques idées un peu confuses, il vaut sans comparaison mieux les laisser subsister que d'y substituer des lumieres qui ne peuvent servir qu'à désoler les particuliers ou à bouleverser l'Etat. Les Livres où l'on dogmatise de cette maniere peuvent & doivent être prohibés, tout comme ceux qui ébranlent les fondemens de la Religion, parce qu'avant toutes choses il importe à l'Etat qu'on ne s'y écarte jamais de ces grandes Maximes: *Craignez Dieu: Honorez le Roi.*

7. La puissance paternelle ne sauroit être mise dans un parallele exact avec la puissance suprême: elle n'en est point la source; & quand on prouveroit par des faits, que les peres des familles en sont devenus les Rois, cela ne meneroit à aucune conclusion. Un pere est digne du plus grand respect, & exerce l'autorité la plus légitime. Mais & ce respect & cette autorité different spécifiquement de ce qui est dû

                aux

aux Princes. Il faut que les enfans sortent de deſſous la puiſſance paternelle, au lieu que les Sujets doivent demeurer toujours ſoûmis au Prince. Cela eſt fondé ſur la différence des beſoins auxquels ſe rapporte la ſujettion. Les beſoins de l'enfant ceſſent; ceux du ſujet ſont permanens.

8. C'eſt par conſéquent une queſtion frivole & fauſſe que d'examiner ſi l'Autorité Souveraine, née dans les familles, s'eſt perpétuée de race en race & de chef en chef, de maniere qu'elle dût être dévolue à un chef unique de tout le genre humain. Un pere peut vaquer au gouvernement & au ſoin de ſa famille, parce que le nombre de ſes individus le permét, & parce qu'il vient un tems où ces individus n'ont plus beſoin d'être ſoignés ou gouvernés. Mais il n'y a point de Chef, de Monarque, qui puiſſe ſuffire au Gouvernement du Monde entier. S'il y a un inconvénient réel dans les Etats Monarchiques, c'eſt celui de la trop grande multitude d'affaires &
d'oc-

d'occupations, qu'entraînent des pays d'un vaste étendue. Mais un Prince sage y rémédie par le bon choix & l'exacte subordination de ceux à qu'il confie les différentes parties de l'administration publique.

9. L'Etat de sujettion est une simple limitation de la liberté, & ne sauroit être comparé à l'esclavage proprement dit. Tout ce qu'il y a, c'est que la limitation est plus étroite, plus forte, à l'égard de certains peuples qu'à l'égard d'autres. Mais, tout comme dans un seul Etat existent toutes les conditions, le grand & le petit, le riche & le pauvre, le maître & le domestique, de même dans la totalité des Etats se retrouvent tous ces caractères; il y en a de grands & de petits, de riches & de pauvres, de libres & d'asservis. Cette variété me paroît entrer, aussi bien que la première, dans le plan de la Providence & contribuer à la beauté de l'Univers. Il n'y a point de conditions insupportables; peut-être même qu'il n'y en

                    a point

a point de fort inégales; la compenſation rémédie à tout.

10. Il n'exiſte point d'aliénation originaire dont on puiſſe ſoumettre la légitimité à une réviſion. Les Etats ſont parvenus ſucceſſivement, inſenſiblement, & par une ſuite de l'enchaînement des cauſes ſecondes, à la ſituation où ils ſe trouvent actuellement. Les uſurpations même, par, laps de tems, ſont devenues des tîtres ſuffiſans de poſſeſſion. A qui appartient-il de convoquer tous les Peuples, & de faire plaider à tous les Souverains leur cauſe? Comment ſaiſir ou procurer un moment dans lequel ces deux Contractans, n'ayant plus de ſupérieur commun, reſteroient leurs propres juges quant aux conditions d'un Contract, qui d'ailleurs n'a jamais exiſté?

11. Il ſera toujours vrai de dire que les Princes ſont pour les Peuples. Il ſera toujours beau aux Princes de faire attention à cette vérité, & de la réaliſer. Mais s'ils avoient des Tuteurs,

des

des Inspecteurs, des Ephores, qui comptassent tous leurs pas, qui pesassent toutes leurs actions, & qui les obligeassent à suivre invariablement la route des Loix, ils ne seroient plus Princes, il n'y auroit plus de Souveraineté, ou bien elle seroit dévolue à ceux qui les tiendroient sous cette tutelle, ce qui ne seroit que remettre le peuple dans les mêmes risques. Tout dépend donc des circonstances. Le Danemarc veut un Roi Despotique. Ce Roi le gouverne, & sa domination est sacrée. La Suede reprend à ses Maîtres les Droits du Despotisme : & il n'y a rien dans la forme présente de son Gouvernement qu'on puisse blâmer. Que dans la suite des tems, les Rois de Dannemarc soient mis sur le pied de ceux de Suede, & que ceux de Suede acquierent les prérogatives des Rois de Dannemarc, tout sera également bien. Auguste, Triumvir & Tyran devient en un clin d'œil Empereur & Pere de la Patrie. Où trouver au milieu de toutes ces révolutions

 un

un Corps Politique confiſtant, dans lequel on puiſe balancer tranquillement les droits & les pouvoirs? Où déterrer cet Acte d'Aſſociation qui a déjà été enſéveli à pluſieurs repriſes différentes ſous les débris de pluſieurs Gouvernemens ſucceſſifs? C'eſt à peu près comme ſi l'on vouloit que les Romains euſſent reproduit ſous les Empereurs, ou qu'ils reproduiſiſſent actuellement ſous les Papes, les Actes de la Convention que fit Romulus avec la troupe de brigands qui fut renfermée avec lui dans la premiere enceinte de Rome.

12. C'eſt donc une démarche abſurde que de venir, pour ainſi dire, le Contract Social à la main, voir ce que fait chaque Souverain dans ſes Etats, & lui prouver qu'il ne peut agir que par des volontés communes & générales; rechercher les griefs de tous les particuliers, & leur mettre fortement dans l'eſprit qu'un ſeul d'entr'eux ne ſauroit être léſé directement par le Sauverain, qu'ils ne le ſoient tous

fous. Que les Etats qui ont des Char-
tres en vigueur, veillent à leur con-
fervation, ils font bien, tant que la
chofe eft poffible; ils feront mal, dès
que la liberté aura été obligée de céder à quelque opération rapide ou
lente, qui l'aura détruite.

13. Autre eft la théorie d'un Gouvernement parfait, que les imperfec-
tions humaines rendront toujours impoffible, autre la théorie de la conduite qu'il faut tenir dans le Gouvernement quelconque où l'on vit. C'eft
être également infenfé que de dire,
je ne veux vivre que fous un Gouvernement parfait, ou je veux rendre
parfait le Gouvernement fous lequel
je vis. La fageffe confifte à dire : je
veux m'accommoder à la forme de
Gouvernement, établie dans l'Etat où
la Providence m'a placé. Les fitua-
tions des individus peuvent enfuite
modifier cette réfolution. Ceux qui
ont voix en Confeil, & à proportion
qu'ils l'y ont, peuvent dire : je veux
rémédier à tel ou tel abus particulier

qui exifte dans mon département ; ou même je veux réformer l'Etat, puisque j'en ai l'occafion, les moyens. Encore faut-il une profonde connoiffance des affaires & une extrême circonfpection pour réuffir dans ces fortes d'entreprifes.

14. Le Peuple peut-il aliéner fon droit fuprême ? Peut-il le confier pour un tems ? Peut-il fe donner un Maître ou des Repréfentans ? Queftions vaines & fuperflues. Où eft-il ce Peuple ? qu'il paroiffe. C'eft un Peuple purement idéal, qui n'a jamais exifté, qui n'exiftera jamais, & qui, s'il commençoit à exifter, n'auroit qu'une courte durée. Au lieu de femer les dents de dragon qui produifent les hommes armés & acharnés à s'entredétruire, emblême de ceux qui couvrent la Terre, qu'on répande la femence d'hommes raifonnables & pacifiques, qui forment de concert le plan d'un Socié é, où la proportion continue entre le Prince & le Peuple foit une conféquence de la nature de l'E-

l'Etat. Le siécle d'or de cette Société
fera-t-il de longue durée? Il a fallu
fuppofer un miracle pour fon origine; il en faudra un pour fa confer-
vation. Le défintéreffement, l'amour
de l'ordre & du bien public, régne-
ront dans tous les membres de cette
Société, de maniere que le Contract
Social foit toujours préfent à leur efprit, & gravé dans leurs cœurs. Mais
en fuppofant des hommes tels que
nous, (& l'on n'eft pas en droit d'en
fuppofer d'autres,) les fermentations
naîtront, la difcorde troublera cette
Société, l'équilibre fera rompu & les
chofes prendront le train qu'elles ont
toujours pris depuis que le Monde
eft Monde pour nous, c'eft-à dire,
depuis les tems dont l'Hiftoire nous a
confervé le fouvenir.

15. C'eft donc avec beaucoup de
raifon que M. de Montefquieu n'a pas
voulu remonter plus haut que le Droit
Pofitif des Gouvernemens établis. Cet
illuftre Ecrivain a fort bien fenti qu'il
n'exifte réellement rien au delà, par-

ce

ce qu'on ne fauroit bâtir aucun fyftê-
me fur l'origine des Sociétés & leurs
Droits Primitifs, auquel on ait, je ne
dirai pas le pouvoir, mais même le
droit de ramener les Etats actuels.
Chacun de ces Etats eft ce qu'il eft,
fans qu'aucun d'eux foit obligé de juf-
tifier pourquoi il eft ainfi. Remonter à l'efprit de leurs Loix, développer les principes de leurs progrès &
de leur décadence, c'eft ce qu'on
peut faire de plus utile pour eux, &
même à la rigueur tout ce qu'on peut
faire. Jamais aucune Puiffance Souveraine, Monarchique, Ariftocrati-
que, ou Démocratie, n'ira chercher
dans Grotius, dans Puffendorff, dans
Hobbes, & dans les Modernes, les
principes abftraits d'où ces différens
Ecrivains partent, les differter & les
comparer, pour régler enfuite l'Etat
conféquemment à ceux qui paroîtront
mériter la préférence. Mais qu'on
fourniffe de bonnes vues aux Etats actuels, qu'on leur fuggere des plans
qu'ils puiffent s'approprier, rien n'em-
péche

pêche qu'ils ne le faſſent ; ils pourront s'affermir par de ſemblables moyens, ſe préſerver de disgraces plus ou moins prochaines, gagner la ſupériorité ſur d'autres Etats, ou la recouvrer au cas qu'ils l'aient perdue. Il y a des viſionnaires parmi ceux qui fourniſſent de ſemblables projets ; mais de tous les viſionnaires les plus grands, & en même tems les plus dangereux ſont ceux qui penſent à une refonte totale.

16. Les trois formes générales de Gouvernement, & ſur-tout l'Ariſtocratie & la Démocratie, ſont ſuſceptibles de plus & de moins, & ont même une aſſez grande latitude. Car la Démocratie peut embraſſer tout le peuple, ou le reſſerrer juſqu'à la moitié. L'Ariſtocratie à ſon tour, peut de la moitié du peuple ſe reſſerrer indéterminément juſqu'aux plus petits nombres : la Royauté même admêt quelquefois un partage, ſoit entre le pere & le fils, ſoit entre deux freres, ou autrement. Il y avoit toujours

deux

deux Rois à Sparte, & l'on a vû dans l'Empire Romain jusqu'à huit Empereurs à la fois, sans qu'on pût dire que l'Empire fut divisé. Il y a un point où chaque forme de Gouvernement se confond avec la suivante; & sous trois dénominations spécifiques le Gouvernement est réellement capable d'autant de formes qu'il y a de Citoyens. Il y a plus; chacun de ces Gouvernemens pouvant à certains égards se subdiviser en diverses parties, l'une administrée d'une maniere, l'autre d'une autre, il peut résulter de ces trois formes combinées, une multitude de formes mixtes, dont chacune est multipliable par toutes les formes simples.

17. On a de tout tems beaucoup disputé sur la meilleure forme de Gouvernement, sans considérer que chacune est la meilleure en certains cas, & la pire en d'autres. Pour les différens rapports qu'ont toujours eus entr'eux les Etats, on doit les regarder comme l'ouvrage de la Providen-

ce

ce plutôt que comme celui des hommes. Parmi ces Etats il y en a de grands & de petits, de forts & de foibles; ils s'attaquent, s'offenfent, s'entredétruifent, & dans cette action & réaction continuelle, font beaucoup de miférables, & coûtent la vie à quantité d'hommes. Il ne faut pas rechercher fi cela vient des défauts de l'Inftitution Sociale dans fon origine: nous avons vû ce qu'on doit penfer de cette prétendue origine. Les chofes iroient encore plus mal, fi les hommes avoient tous gardé leur premiere liberté. Leur Affociation eft partielle & imparfaite; foit: elle produit la tyrannie & la guerre; foit encore: la tyrannie & la guerre font de grands fléaux; cela eft encore très-vrai. Mais, ce qui n'eft pas vrai, c'eft que ce foient les plus grands fléaux poffibles. Un Etat ravagé par la guerre, défolé par l'oppreffion, fe rétablit de fes cataftrophes, & demeure moins à plaindre que s'il étoit transformé pleinement, & pour toute

la

la suite des siécles, en une contrée de Sauvages, ou même en une Horde de Tartares.

Enfin les rémedes qu'on voudroit chercher à ces inconvéniens, par les ligues & conféiérations, qui, laissant chaque Etat son Maître au dedans, l'arme au dehors contre tout aggresseur injuste, ces rémedes, dis-je, vont de pair avec les autres visions que nous avons combattues jusqu'ici. La Paix perpétuelle est la Sœur du Contract Social. Il sera aussi aisé d'introduire celle-là, que de rétablir celui-ci. Laissons agir les Souverains, renvoyons-les au Tribunal de leur Maître, qui les jugera en même tems que nous; soyons soûmis, tranquilles, honnêtes-gens, & nous trouverons notre sort supportable, si tant est qu'il ne soit pas meilleur que nous le méritons.

F   I   N.

www.ingramcontent.com/pod-product-compliance
Lightning Source LLC
LaVergne TN
LVHW020131060726
842526LV00004B/1354